1992年,作者(左)陪同中国宋史研究会会长、北京大学著名教授邓广铭先生(中)及其弟子张希清教授(右)参观开封博物馆、包公祠与樊楼,并合影留念

1999年,作者在新加坡国家博物馆前留影

2012年,作者在纪念包公逝世950周年大会上恭读《祭包公文》

1999年，在新加坡纪念包公千年诞辰庆典大会上，新加坡道教协会主席、天圣坛包公庙主席林泽连先生(左一)向国会议员洪茂诚先生(左二)介绍开封代表团顾问、开封包公研究会常务副会长兼秘书长李良学先生(右二)一行

作者（中）在开封府清明文化论坛上讲述包公孝亲与廉政文化

作者与包学界同仁赴河北河间市考察包公遗迹期间在沧州铁狮子旁合影留念左起：
李良学　程如峰　艾才国　包尊亮（包公后裔）

作者与参加海峡两岸（开封）包公文化论坛的包学界同仁合影留念
左起：段朝现　刘坤太　李良学　孔岩　孔繁敏　贾玉英　张锡凤

作者与包学界同仁在合肥梅山饭店合影留念 左起：李良学 王基 周宝珠 孔繁敏

作者（右）与台湾电视连续剧《包青天》中包公饰演者、著名演员金超群先生（左）合影

李良学 著

李良学讲包公

南开大学出版社

图书在版编目(CIP)数据

李良学讲包公 / 李良学著. —天津：南开大学出版社，2014.8
ISBN 978-7-310-04586-0

Ⅰ.①李… Ⅱ.①李… Ⅲ.①包拯(999～1062)—人物研究 Ⅳ.①K827＝441

中国版本图书馆 CIP 数据核字(2014)第 180091 号

版权所有　侵权必究

南开大学出版社出版发行
出版人：孙克强
地址：天津市南开区卫津路 94 号　　邮政编码：300071
营销部电话：(022)23508339　23500755
营销部传真：(022)23508542　邮购部电话：(022)23502200

＊

天津市蓟县宏图印务有限公司印刷
全国各地新华书店经销

＊

2014 年 8 月第 1 版　　2014 年 8 月第 1 次印刷
230×170 毫米　16 开本　14.25 印张　4 插页　138 千字
定价：32.00 元

如遇图书印装质量问题，请与本社营销部联系调换，电话：(022)23507125

目　　录

引　言 …………………………………………………………（1）

第一章　包公其人

一、包公的出生时间与地点 …………………………………（9）

二、包公出生的神话传说 ……………………………………（13）

三、包公的生平特点和官职 …………………………………（16）

四、宋仁宗与包拯——君臣际遇 ……………………………（20）

第二章　包公的学问

一、家庭出身与读书生涯 ……………………………………（26）

二、进京赶考 …………………………………………………（28）

三、繁华的东京——开封 ……………………………………（31）

四、考试与授官 ………………………………………………（36）

第三章　包公的孝道

一、古代的孝道 ………………………………………………（49）

二、包公尽孝 …………………………………………………… (50)

三、包公嫂娘之谜 ……………………………………………… (53)

四、孝肃家风 …………………………………………………… (56)

第四章　勤政爱民的父母官

一、赋诗复官 …………………………………………………… (61)

二、北宋亲民官的"四善"与"三最" ………………………… (63)

三、包公如何当亲民官 ………………………………………… (65)

第五章　铁面无私的监察官（上）

一、台谏官合一 ………………………………………………… (79)

二、依法治国与反贪倡廉 ……………………………………… (80)

三、七弹大贪官王逵 …………………………………………… (82)

第六章　铁面无私的监察官（下）

一、两弹宰相宋庠 ……………………………………………… (91)

二、嘉祐四真 …………………………………………………… (94)

三、为庆历新政官员平反 ……………………………………… (96)

四、为国家推荐贤才 …………………………………………… (98)

第七章　包公断案

一、引蛇出动——巧破"牛舌案" …………………………… (105)

二、科学取证——智断"冷清案" …………………………… (107)

三、兵不厌诈——速破"匿金案" …………………………… (111)

第八章　出色的外交官

一、当时的宋辽关系 …………………………………………… (117)

二、包公出使契丹 ……………………………………………… (119)

三、包公出使契丹的收获 ……………………………………… (125)

第九章　杰出的理财官

一、以民为本，宽民利国 ……………………………………… (129)

二、轻徭薄赋，救灾救民 ……………………………………… (131)

三、兴利除弊，经济改革 ……………………………………… (133)

四、开源节流，勤俭持国 ……………………………………… (136)

第十章　包公与皇亲国戚（上）

一、包公怒弹国丈张尧佐 ……………………………………… (143)

二、张贵妃与《打銮驾》 ……………………………………… (148)

第十一章　包公与皇亲国戚（中）

一、包公"三口御铡"的故事 ………………………………… (155)

二、包公与《铡美案》 ………………………………………… (158)

三、包公三弹郡马郭承佑 ……………………………………… (162)

第十二章　包公与皇亲国戚（下）

一、《狸猫换太子》的主要内容 …………………………（169）

二、"刘皇后夺子案"的历史真相 …………………………（171）

三、包公与《狸猫换太子》 …………………………………（176）

第十三章　包公与包公文化的深远影响

一、鞠躬尽瘁，病殁开封 …………………………………（183）

二、包公与包公文化的深远影响 …………………………（186）

三、海内外纪念包公千年诞辰盛况 ………………………（193）

附　录

一、包公家世表 ……………………………………………（201）

二、包公年谱简编 …………………………………………（202）

后　记 ……………………………………………………（215）

石刻 包公明志诗《书端州郡斋壁》

清心为治本，直道是身谋。
秀干终成栋，精钢不作钩。
仓充鼠雀喜，草尽兔狐愁。
史册有遗训，勿贻来者羞。

引言

京剧《铡美案》中的名句"包龙图打坐在开封府",在舞台上,包公唱腔未落,观众已精神振奋,掌声雷动,场面十分热烈。台湾电视剧《包青天》的主题歌,首句便是"开封有个包青天",它更是唱响全国,唱响海内外,唱响东南亚。这两句唱词如此轰动,如此响亮动人,它说明了包公与开封的密切关系。密切到什么程度?密不可分。可以这样说,要介绍包公,就必然要说到开封、开封府;反过来,要介绍开封,就必然要提到包公、包青天。二者已融为一体。从包公与开封这种极为密切的关系中,可以领悟到一个深刻的道理:无论古今,一个人要想成功或者铸造其人生辉煌,必须具备两个条件:

戏剧舞台上的包公形象

开封包公祠内包公铜像

然而,开封恰好给了他第二个条件,为他搭建了一个实现自身人生价值的绝佳平台。

包公出生于合肥,成名于开封,一生从政做官26年,其中15年是在开封官场度过的,最后逝世于开封。古人云:"人以地名,地以人名"。他在开封这座政治舞台上演出了许多威武雄壮的活剧,成就了一位传颂千古的

一是自身的宏大抱负和应有的才能;

二是展示其抱负和才能的理想平台。

这第一个条件包公无疑是具备的。他名叫包拯,寓意就是拯救国家和黎民;字希仁,就是希望以"仁政"治国,以民为本。从名字来看,包公立志要报国安民。但是,如果没有第二个条件,他可能会空有雄心壮志而英雄无用武之地,以至壮志难酬。

插图 台湾电视连续剧《包青天》

包青天，而开封、开封府也因为出了个包青天而名扬天下。这就是包公与开封关系密不可分的原因。

其次，需要给大家解读一下"包公"这个称谓。包公名满天下，家喻户晓，人人皆知，成为我国历史上最亮丽、最独特的一道风景线。但是，你要真的随便问一个人，包公叫什么名字？就很少有人知道了，十有八九答不上来。这也是包公与众不同的特异之处。其实"包公"这个称谓源远流长，早在他生前人们就是这样称呼他，并非后人叫起来的。

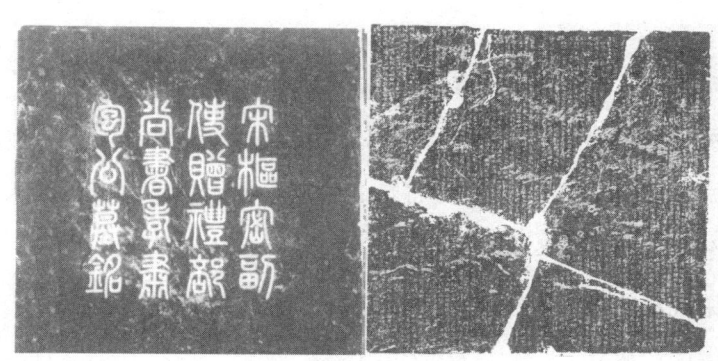

包公墓志盖与墓志铭

包公生前的同僚兼好友吴奎为他撰写的《包公墓志铭》，开头便说：

宋有劲正之臣，曰"包公"。……其声烈表爆天下人之耳目，虽外夷亦服其重名。朝廷士大夫达于远方学者，皆不以其官称，呼之为"公"。

——吴奎《包公墓志铭》

吴奎这段话说得非常明白，包公德高望重，是一位刚正不阿的大臣。名声之大"表爆天下"，朝廷文人士大夫都不称他的官衔，均呼之为"公"。可见，"包公"这个敬称是从他生前开始，一直流传至今，真正是名垂千古。

在古代，不是什么人都能称"公"。宋人洪迈在《容斋随笔》一书里这样写道：

公为尊称……尊其道而师之，曰公。

——宋·洪迈《容斋随笔》

就是说，只有为人师表的人，特别受人尊敬的人才能称"公"。由此可见，包公生前身后，何等受人敬仰、受人崇拜了。因为人人敬呼"包公"，久而久之，竟将本名给掩盖了。结果出现了人人只知道包公而不知道其本名包拯的奇特现象。

宋代称公者，不乏其人，如寇公（寇准）、范公（范仲淹）、欧阳公（欧阳修）、王荆公（王安石）等。然而，包公是平民百姓心目中的清官偶像，从家喻户晓、人人皆知这方面讲，包公的崇拜者最多，超过孔子。

千百年来，包公被人们敬若神明，那么历史上的包公究竟是怎样一个人？他的出身和生平特点如何？他一生都做过什么官职？对此，笔者将一一进行解读，实事求是地介绍一位真包公。

第一章

包公其人

一、包公的出生时间与地点

宋真宗咸平二年（公元 999 年）二月十五日，大名鼎鼎的包公降生了。他出生于合肥县的一个小山村，这个村庄叫包村，就是今天的合肥市肥东县包公镇。后来，这个不起眼的小山村成了人们心目中的"圣诞"之地，而二月十五日这一天，也就是包公的"华诞"之日，即生日。

包公是一位传奇人物，戏曲演义和民间传说很多，他这个出生时间和地点准确吗？回答是：准确，真实可靠。

理由有二：

一是包公后裔代代相传，每年农历二月十五日纪念包公诞辰，族人祭拜，当然可信。

二是史料记载。嘉祐七年（公元 1062 年），包公 64 岁生日时，宋仁宗皇帝赠送礼物，向他表示祝贺；并写了一封《赐枢密副使包拯生日礼物诏》，也就是贺信。这封诏书是当时的翰林学士王珪起草的，后来收入他的《华阳集》一书，流传至今。其中两句是：

眷秉轴于宏廷，省梦熊之嘉月。

——王珪《华阳集》

什么意思呢？宋仁宗说，我很高兴你在朝廷中枢执掌军政，特向你问候并祝贺你在这美好的春月里欢度生日。嘉月指春月（农历正月、二月、三月）。古代生男孩称"梦熊之喜"，这里指包公的生日。这封诏书说的春月，包含了包氏族人相传的早春二月，是对其生日的佐证。所以，农历二月十五日是包公生日，专家学者达成了共识，符合实际。

关于包拯的家世，其先祖可以追溯到春秋战国时期的楚国贵族申包胥。按照包氏家乘，包拯是申包胥的三十五代孙。在古代姓氏的源流中，包姓属于"以字为氏"的一种。即申包胥的后代取他名讳中的"包"字，作为姓氏，这就是包姓家族的渊源。

包拯的祖父叫包士通，祖母宣氏；父亲叫包令仪，母亲张氏，都是安分守

包公先祖申包胥像

己的忠厚长者。包令仪，字肃之，早年曾举进士，在朝廷做过虞部员外郎等散官，后来不知何故退居乡里，一直闲住在家，再没有出仕。所以，包拯显贵之后，说自己"生于草茅"而非仕宦之家。如果说包拯的祖父和父亲也有过高官显职的话，那是他们亡故以后的事情。当包拯升为朝廷的三品执政官之后，按照宋代制度，可以诰封其先辈官爵。宋仁宗封赠包士通为太子少傅，包令仪为刑部侍郎、太保。不过，这都是追赠的荣誉衔，两位老先生在世的时候，始终没有做过一天这样显赫的大官。

包公故乡安徽肥东县包公铜像

　　关于包公的出生地包村，更无可疑。原来，其村头有座柴山，因为出了个包公，人们认为是山沟里出了个金凤凰，就改名为凤凰山了。现在的大包村、小包村共居住包氏后裔一百余户，六百多口人。大包村还有一座古老的包氏宗祠，也称"家庙"，是安徽省级文物保护单位。这座包家祠堂大门朝北，是它独特之处。据传，南宋

合肥包氏宗祠

传说故事中的开封府内三口铜铡

与金国议和,划疆以淮水为界,而开封在淮河以北,沦为金国领土,包公后裔义愤填膺,建了这座祠堂,大门朝北,寓意时刻北望开封,感谢开封成就了包公的美名,怀念大宋故都,希望早日光复大宋江山。以上种种事实充分说明,包公的确诞生于包村。

二、包公出生的神话传说

古代人受天命论影响,非常迷信。历史上杰出人物的降生,往往有许多具有神话色彩的民间传说,说明他们与凡人不同。史学界称这种现象为"名人神话"。据传,大宋开国皇帝赵匡胤生下来是个"香孩儿","赤光绕室,异香经宿不散,体有金色,三日不变"。可能吗?不可能。什么"赤光绕室,体有金色,三日不变"?无非说赵匡胤是真龙天子,理应即位当皇帝罢了。

包公也不例外。人们将他的降生传说为天上的"文曲星下凡",头脸乌黑,眉心悬个月牙儿,掌管阴阳两界,断案如神。真是这样吗?当然不是。

还有一个版本,传说的更神。包公出生在夜里子时,狂风暴雨,电闪雷鸣,山摇地动,吓瘫了许多贪官污吏。宋真宗皇帝上朝时,发现早朝官员少了一半还多,便问宰相怎么回事?领班宰相只好据实回奏,说他们都请病假了。原因是这些官员夜里做了同样的怪梦。就是梦见一位黑脸天神,率领天兵天将,抬着三口铜铡,专抓贪官污吏。抓住一个按在铡口内,咔嚓一声,身首异处。当抓到他们时,

河南西峡县包公后裔保存之包公像

给吓醒了，出了一身冷汗，浑身瘫软，再也起不来床，只好告假。

实际上，这些神话传说都是赵匡胤当了皇帝，包公位居高官之后，崇拜者编排故事为他们捧场的，纯属子虚乌有。

不过，关于包公的黑脸，还是要多说几句，因为这是人们心目中包公长相的特征，也是戏剧舞台上包公固定的艺术形象，具有包公文化的丰富内涵。我们查遍宋代史书，均没有包公黑脸片言只语的记载，说明包公的脸面并不黑。那么，后来包公的脸面是怎么变黑的？又有什么意义呢？历史上的包公铁面无私，执法如山。我们说，铁，黑色；面，脸面。铁面，不就是黑脸吗？所以，包公黑脸是元明以来戏剧化妆师设计的一项杰作，象征包公铁面无私、执法如山的精神，只是一个文学艺术形象，与包公本来面貌无关。

那么，历史上的包公究竟是什么样呢？事实上恰好相反，包公出生时不是黑孩儿，与正常人家的男孩一样。他长大以后，也不是什么"脸黑如同鳌子底"，而是一个仪表堂堂的潇洒人物，用现在的话讲，就是白脸帅哥。

之所以这么说，根据有三：

一是包氏家族祖传画像如此。

今睹遗像，乃清隽古雅，殊无异于人。

——合肥《包公书院记》

二是历代开封、合肥包公祠的塑像如此。

面目清秀、白脸长须。

——蒋星煜《包拯的故事·序》

与常人无异，面目清秀，小白脸，这还不是帅哥吗？

三是清代孙辅臣对包公的黑脸谱写诗道：

肖像满天下，讹传叹失真。
刚方不在貌，冠玉自惊人。

——《包拯颂·附录·古人咏包公》

这首诗写得很好，明确指出包公黑脸谱失真了。一个人刚直不阿、行为端正、执法如山不在其相貌如何，并且肯定包公是"冠玉自惊人"。

"冠玉"什么意思？本来指装饰在帽子上的美玉，后来演化为专指美貌男子，美男子不就是帅哥吗？开封兰考人陈平是汉代名相，同时也是美男子，司马迁描写他也是说"如冠玉耳"。

平虽美丈夫，如冠玉耳。

——司马迁《史记·陈平世家》

包公、陈平都做出了惊人的伟大事业，而且真正是"冠玉自惊人"。更证明他们都是帅哥。

三、包公的生平特点和官职

人们看包公戏，都知道包公是个大法官，铁面无私，执法如山。其实，包公不仅是个公正廉明的大法官，他还是一位百姓爱戴的县长、政绩卓著的省长、出类拔萃的外交官、精明能干的理财家、铁面无私的监察官、保卫国防的边关军事统帅等。

现在，介绍包公一生的主要官职，首先介绍一下宋代的任官制度。宋代的官制非常复杂和混乱，与明、清等朝代大不相同。"居其官不知其职者，十常八九"。就是说，当了官却不知道是干什么工作的。因为宋代的官、职、差遣是混合在一起的。官品是拿俸禄即领工资的，职衔是荣誉称号，差遣才是实际工作职务。如果光有官品而无差遣，那是闲员，实际上啥也不是，一点实权也没有。所以，宋代官僚重视差遣即实际职务，而不太重视官品高低。小官可以干大事业，大官也可能干小事业，二品大员有时还出外当知州！

现以包公的官职为例，加以说明。如：包拯以右司郎中、龙图阁直学士、权知开封府。这里，右司郎中是官，正六品；龙图阁直学士是职衔，即荣誉称号；权知开封府才是差遣，即实际职务。包公的六品官似乎不大，可是当上大宋首都开封的最高长官，地位重要，任务"繁剧"，举足轻重。实际上，他是六品官干三四品官的活

开封府大门

儿,仍拿六品官的工资。他不吃亏吗?其实不吃亏,因为宋代小官任高级职务有"添支钱",也叫"贴职钱",说白了就是工资以外的职务津贴,有时比工资还高,吃什么亏呢?还以包公为例。右司郎中一月的俸禄(工资)不足100贯,而权知开封府的贴职钱即津贴就是每月100贯,翻了一番还多。当时,一个普通知县的工资每月仅七、八贯钱,开封、祥符二赤县最高,每月才10贯钱。而开封府尹的津贴每月就100贯,顶上10个县长了。

宋代进士必须从地方官做起,包公也不例外。他中进士后回家尽孝10年,至宋仁宗景祐四年(公元1037年)才首任大理寺丞、知天长县(今安徽天长市)。大理寺丞为从八品官。

三年任满,至康定元年(公元1040年)升迁殿中丞(正八品)

知端州（今广东肇庆市）。

三年任满后，庆历三年（公元1043年）返京任监察御史里行，监察御史，正八品上，元丰改制后定为从七品。

庆历六年（公元1046年）出任京东路转运使（相当于省长）。赐五品服。

次年，即庆历七年（公元1047年）升任工部员外郎陕西路转运使（正七品），赐三品服。

宋代官服定制：三品服紫，五品服绯（红），七品服绿。小官担任大职务，特赐高级官服。如：赐紫、赐绯或赐几品服等，以便于管辖下属而开展工作。如果皇帝忘了，你也可以提出"借服"。如：借紫、借绯等。包公知端州穿红袍，属于赐绯或借绯。京东和陕西同样是路（省）一级，怎么官服不同呢？因为陕西、河东、河北三路紧邻国防前线，与西夏、契丹接壤，故地位高于其他省，特赐三品服。包公一心保国安民，对官服很随意，不大讲排场。任命他为陕西路转运使，未提出换官服就去上任了。几天后，别人任转运使提出换官服，宋仁宗才想起包公未换官服，派人一直到华阴县才送给包公。

庆历八年（公元1048年）返朝任三司户部副使（正七品）。

皇祐二年（公元1050年）任兵部员外郎（正七品）、天章阁待职、知谏院（朝廷谏官首长）。

嘉祐元年（公元1056年）包公58岁，任右司郎中（正六品）、龙图阁直学士、权知开封府。

嘉祐三年（公元1058年）包公60岁，任右谏议大夫（从四品）、权御史中丞，即御史台长官，相当于最高检察院检察长。这次是跳跃式升迁，从六品一下升为从四品。包公二次进京后，晋升加速。

嘉祐六年（公元1061年）四月八日，包公63岁，升任给事中（正四品）、枢密直学士、三司使。三司使俗称"计相"，是朝廷最高财政长官，相当于国务院副总理兼财政部长。包公未当过宰相，但当过"计相"，之后担任的枢密副使相当于副宰相，所以传说称他为"包相爷"，也无可厚非。

同年四月二十七日，包公升官枢密副使（朝廷最高军事副长官），与原枢密副使欧阳修、赵槩等，共同晋官一等，即升为从三品官，相当于中央军委副主席。宋代中书省，称东府，设宰相、副宰相（参政）共四人，管政务；枢密院称西府，设枢密使、副使共四人，管军事。时称其二府八位，是朝廷最高执政官。至此，包公进入朝廷执政官的行列，这也是他一生中的最高官职，辉煌的顶点。次年，包公不幸病故，朝廷追赠礼部尚书（从二品）。

包公从一个小山村里出来，居然一步步升迁到朝廷的执政官，主要是因为他生活在一个和平安定的好时代，遇上了一个政治开明的好皇帝。

四、宋仁宗与包拯——君臣际遇

清人绘制宋仁宗像

宋仁宗,名叫赵祯,是北宋第四任皇帝,在位四十二年,"号为本朝至平极盛之世",经济文化大为发展,空前繁荣。宋仁宗宅心仁厚,天性宽容。

讲个小故事说明仁宗之仁厚、宽容。

史载,宋仁宗一次畅游御花园,美景如画,流连忘返,以致口渴难耐,但却一直忍受,并不索取。待回到后宫,急命小宦官:"快取水来,渴死我了。"小宦官将水送上说:"官家,在御花园何不索取?"仁宗喝了水说:"朕见当时周围无水,若索要的话,侍从人员中不知有几人受罚,几人倒霉,甚至挨板子。我忍一忍就过去了,何必连累他们受苦?"

一个至高无上的皇帝,能够这样关爱下人,也真够"仁义"了。庙号"仁宗",名不虚传。

史书上这样记载仁宗:

善容正人,延谠议,有不可惑之聪。

——张田《孝肃包公奏议集·题辞》

就是说,宋仁宗善于容纳正直人士,听从逆耳忠言,并且不受奸人谗言迷惑。而包公刚正不阿，直言敢谏，是一个反贪倡廉的急先锋，自然会碰到许多麻烦。然而，他有了宋仁宗的支持和保护，就可以大显神通，成就一番事业了。

包公当谏官时，有一次对仁宗大加指责，弄得仁宗很没有面子。事后有大臣进谗言，说包拯不止一次对皇上无礼，不如将他放到边远小郡去，免得心烦。宋仁宗却说："包拯峭直，对朝廷忠诚。似此大臣，朝中亦不可或缺。"后来，宋仁宗还这样评论包公："卿风力峻明，器怀端量。伏谏于陛，屡形药石之忠；秉宪于朝，一屏奸邪之气。"

这就是宋仁宗，他不仅能容受直言，而且认为敢于直言的人都是忠臣，朝中不可少。明朝有个大臣读包公奏议，赞道："宋仁宗之贤，三代以下绝无而仅有者。"还说：包公"任刚使直"而仁宗"乐闻直谏"，这才成就了包公一生的英明。他这话说得很有道理。

宋以后的元、明、清各代，皇帝大都是杀人成性，视大臣如草芥，而且株连九族，甚至十族。有时，大臣仅仅上书提个意见，或弹劾某个大臣或太监，竟当场被乱棍打死。别说民主，他们连人性都是很少的。明清那些所谓大帝对臣民太残酷了。相比之下，宋仁宗比他们开明得多，民主得多了。

从某种意义上说，宋仁宗与包公的君臣际遇，是造就包公成为包青天的重要保障。他们"君明臣贤"，成为历史上的美谈。

包公如此优秀，仕途又如此风光，可是当时还有人说他"素少学问"，那么这是怎么回事呢？包公究竟有没有学问？

第二章 包公的学问

前面讲到有人说包公"素少学问",那是谁呢?其实,这个人还是有助于包公二次返京、创造辉煌的贵人呢,他就是翰林学士、文坛领袖欧阳修。欧阳修对包公是很敬重的,这次善意的批评包公不明朝廷事体,太单纯、太天真,是说包公弹劾掉两个三司使,而皇帝任命自己为三司使也不推辞,不知道避嫌。别人若误会你是"逐其人而代其位"咋办?欧阳修对包公评价很高,认为他德高望重,无论做什么高官别人都会拥护,唯独三司使应当避嫌。这完全是爱护包公,怕他名誉上受到伤害。欧阳修他不是弹劾包公,而是维护包公的声誉,是"醉翁之意不在酒"。用现在的话讲,就是爱护老干部。

欧阳修像

至于"素少学问",欧阳修是针对这个具体事件而说的,并不是指一般意义上的"学问"。你要真的认为包公没有学问,那就大错特错了。

当然,"金无足赤,人无完人",包公在文学艺术方面,也有不足,他写诗很少,只流传下来一首。当时有四项要职称为"执政四人头",包公担任过三项,即开封府尹、御史中丞、三司使,唯有与翰林学士一职无缘,即可说明。包公也没有范仲淹《岳阳楼记》和欧阳修《醉翁亭记》那样的名篇佳作。包公的学问主要在治国安邦和救国救民方面,尤其是反贪倡廉,他在这方面学问大得很。从包公的十卷《奏议集》来看,句句金石之论,掷地有声,还是蛮有文采的,只是他不以诗文名世而已。

一、家庭出身与读书生涯

包公的学问是很有根基的。包家是当地的名门望族,属于小官僚家庭出身。祖父包士通,读过书但没有做官,是一个忠厚的长者。父亲包令仪,字肃之,曾经中进士,当过靖安县令,也在朝廷做过虞部员外郎等闲散官,只是并未发达,后来不知何故屏居乡里,在合肥城内购置房产,再无出仕,过着悠然自得的隐居生活。

包公兄弟三人,长兄包莹,二兄包颖,皆早年夭折,未长成人。实际上,他是包家的单根独苗。戏剧演义和评书小说总是讲包公是小三,或者包小三,并非空穴来风。

文彦博像

在宋代，出身于平常百姓和中小地主家庭的人，要想挤进官场，显达于世，只有读书做官一条途径。包公当然也不例外。他从小就在自家宅院附近的香花墩读书。据史料记载，包公少年老成：

挺然若成人，不为狎戏。

——吴奎《包公墓志铭》

就是说，少年包公像个小大人，不贪玩。他品学兼优，远近闻名。

包公弱冠之年，娶妻张氏，但不久病故。他努力学习，曾到南京应天府（商丘）游学，与后来"出将入相五十年"的文彦博成了同窗好友，终生知音。文彦博曾拜泰山著名教育家孙复为师，经过名师指点。文彦博比包公小八岁，人称神童。他小时有个

刘筠像

"灌洞浮球"的小故事，与司马光小时"砸缸救人"具有异曲同工之妙，都非常有名。他比包公见的世面多，因为包公在家照顾父母，很少出外游学，结识文彦博让包公长了不少见识。

宋真宗天禧五年（公元1021年），包公23岁。这是他一生中最有纪念意义的一年。为什么呢？这年正月，朝廷重臣、翰林学士、右谏议大夫（四品官）刘筠出知庐州，来到了

香花墩图

合肥。刘筠，字子仪，大名府人，"其文辞善对偶，尤工为诗"，是名重当时的文坛领袖之一，与翰林学士杨亿齐名，人称"杨刘"。刘筠一身正气，在朝廷曾两次担任全国礼部试主考官，人品极孚重望，而且以奖拔后进著称，喜欢引荐青年才俊。他听说包公品学兼优，亲自召见，并给予鼓励、指导。刘筠成为包公的恩师，人生道路上的指路人。史称包公"少为刘筠所知"，指的就是这次师生际遇。

包令仪夫妇为了让儿子考取功名，决定给包拯续弦。宋仁宗天圣二年（公元1024年），包公26岁与24岁的董氏结婚。由董氏照顾父母，包公就可以远离家乡进京赶考了。

二、进京赶考

北宋的科举考试分为三级。州府一级的初考，叫"发解试"。因为必须在秋季举行，所以俗称"秋试"。录取的举子叫"贡士"，由各州府负责在年底前解送京师开封，准备参加明年春季举行的全国

大考——礼部试,也叫"省试",俗称"春试"。省试录取的举子必须将名单奏报皇帝,所以称为"奏名进士",第一名称"省元"。不久,这些奏名进士将参加由皇帝亲自主持的"殿试",一经录取就是中进士了,称为"天子门生",非常荣耀。其第一名称状元。宋代中进士,立即授予官职,可谓现兑现。它不像明清,候补到老也难得一官半职。

包公是天圣四年(公元1026年)冬季到开封的。这一年他28岁。

包公赴京科举

关于包公进京赶考,有一段离奇而美好的传说,一直在民间流传,这里简单作个交代。

据传,包公与书童包兴走到京东地界,被盗匪抢劫一空。他们一路讨饭,又冻又饿,包公大病一场,待第二年五月才到京师,误了考期。想返回庐州老家再图下次应举,又无盘缠。包公无奈,只好在御街以卖字卖诗文度日。幸亏碰上喜欢字画的丞相王延龄,他很欣赏包公的一首《金钟诗》:

辉煌金钟陷泥地,纵可巨响奈音失;

金钟一旦重悬起，一鸣能使天下知。

王延龄问了包公的情况，便带他面见仁宗，说包拯是个奇才，大力推荐。仁宗以《进京应试》为题，命包公做一首诗。包公略加思索，吟道：

历尽艰辛不辞劳，空怀壮志没蓬蒿；
一朝宏图得施展，除暴安良效当朝。

仁宗一听，龙颜大喜，认为王丞相慧眼识才，当即钦赐包拯为"独榜御进士"。

这个故事非常动人，也很令人兴奋，可惜毫无历史根据，它完全是包公的崇拜者编排的。这个丞相王延龄多次在戏剧舞台上出现，身份是包公的恩师，实际宋代没有这个人。但他也有个原型，即宰相王旦，是宋真宗时期一位执政二十余年的贤相，家住现在开封曹门外的"三槐堂"，人称三槐王氏。包公只能慕名而已，绝对无缘拜他为师。这个奇妙的传说，反映了人们对包公的崇拜和充满幻想，作为文学艺术来欣赏，还是蛮好的。

但传说毕竟是传说。实际上，包公也好，文彦博也好，还有其他成千上万举子也好，他们都是原州郡通过发解试后，由政府负责解送京师开封的，这是宋代的科举规矩。戏剧上所谓千金小姐送银两，落难公子中状元，只是小说家言，不足为凭。

包公首次到京师开封，也是第一次与开封结缘，那可是大开眼界了。

三、繁华的东京——开封

开封是什么地方？那是大宋王朝的首都，号称东京，又称汴京。那是一座"八荒争凑，万国咸通"，人口逾百万、世界第一流的国际性大都会。城垣为外城、里城和皇城三重城格局，城门高耸，城墙坚厚，护龙河环绕，气魄宏伟，威严壮观。京师开封，街道整齐开阔，四通八达。两旁槐柳成行，酒楼林立。整天车水马龙，繁华热闹，无与伦比。真是汴京富丽天下无！张择端一幅《清明上河图》，将当时开封的繁荣景象描绘了下来，前几年在上海世博会上展出时，惊呆了海内外前来观光的人，看到开封古时如此繁华，无不惊叹叫绝。

北宋人孟元老在《东京梦华录》里这样描绘开封的繁华景象：

宋徽宗《瑞鹤图》中描绘的北宋东京宫城大门宣德楼

开 封 铁 塔

开 封 繁 塔

举目则青楼画阁,绣户珠帘,雕车竞驻于天街,宝马争驰于御路,金翠耀目,罗绮飘香。新声巧笑于柳陌花巷,按管调弦于茶坊酒肆。八荒争凑,万国咸通。"伎巧则惊人耳目,奢侈则长人精神。"

——宋·孟元老《东京梦华录·序》

这是宋人记宋都,是北宋东京繁华的真实写照,京师开封繁华富丽,无与伦比。

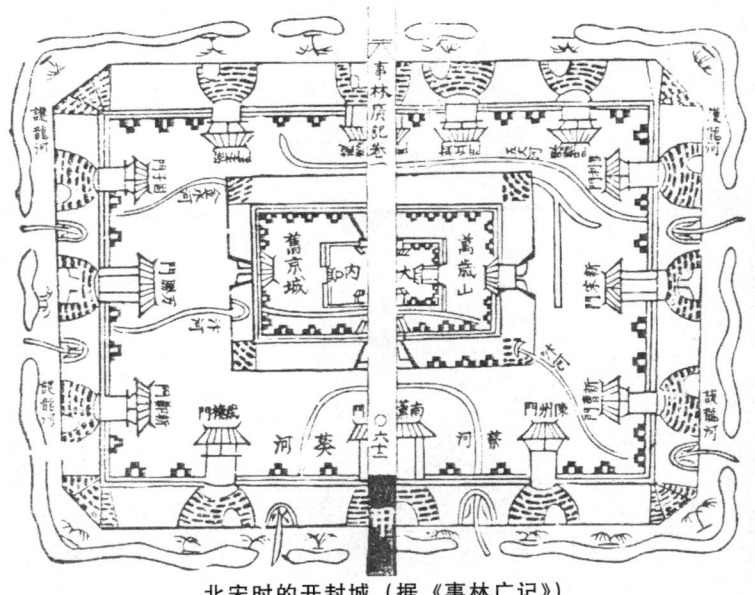

北宋时的开封城（据《事林广记》）

北宋大将柴宗庆有两句诗形容开封说:"曾观大海难为水,除去梁园总是村"。梁园是汴京开封的别称。就是说,你到开封一看,再去看开封以外的城池,那就成了乡村了。

当时,开封人口在 150 万左右,不仅是中国最大的城市,也是

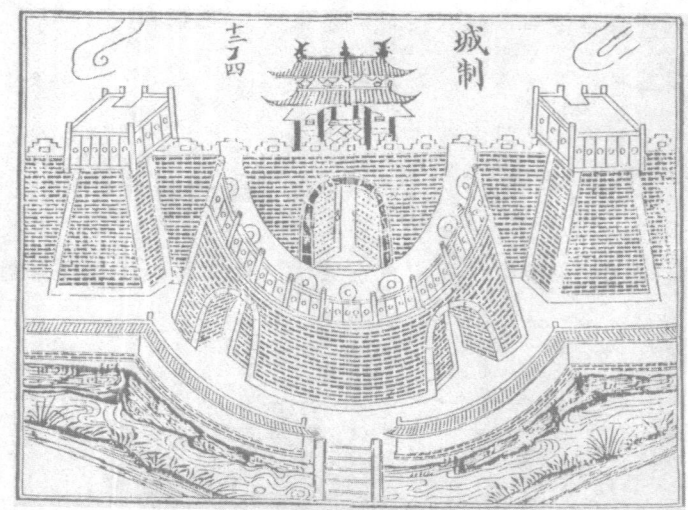

北宋东京外城楼图一（据《武经总要》）

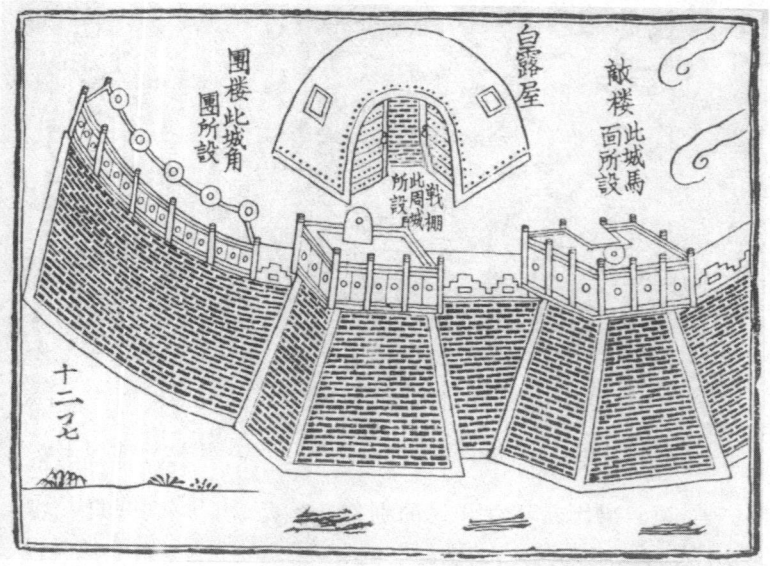

北宋东京外城楼图二

《清明上河图》（局部）

世界上最大的城市。世界上同时期的大城市，如日本的京都才20万人，西亚即阿拉伯地区的最大城市巴格达，也只有30万人，欧洲大城市都不足10万人，美洲就更不用提了。所以，我们说当时的开封是世界上人口最多、最繁荣、最富庶和最美丽的国际性大都市，并非溢美之词，而是千真万确如此。北宋京师开封灿烂辉煌，魅力无限，值得骄傲，值得自豪！

包公与文彦博等举子，游览了开封这座帝都，被其无比庄严、无比繁华、无比热闹和园林之美彻底震撼了。包公大长精神，大长志气，到开封科考已感万分荣幸，将来若能中进士，在京师开封谋个一官半职，展示才能，那就更是人生一大幸事。

这时，包公与文彦博在京一起攻读学业，非常努力，共同学习，学业日进，友谊日深，史称二人是：

方业进士，相友甚厚。

——《文氏墓志铭》

四、考试与授官

1. 省试

天圣五年（公元1027年）正月，包公是双喜临门：一是正月十二日，朝廷任命枢密直学士刘筠权知贡举（省试主考官），这是他第三次担任主考官。自己的恩师当主考官，包公自然非常高兴。二是正月十六日，朝廷又下诏贡院，"将来考进士，不得只以诗赋进退等第，今后参考策论以定优劣"。省试指导思想的新变化，对包公极为有利，因为他不善诗赋而擅长策论，恰巧让他取长补短，真是天赐良机，喜上加喜。

省试结果，包拯、文彦博都榜上有名，成为"合格奏名进士"，取得了参加殿试的资格。这一榜共录取四百九十八人。考生吴育获得第一名，称为"省元"。

包公在省试中如此顺利，是不是恩师、主考官刘筠对他有所关照呢？答案是否定的，这根本不可能。因为北宋中期，科考制度非常严密，朝廷官员一律不准推举考生，"违者重罚其罪"。省试主考官和所有考官，一当任命，立即"锁宿"，即到贡院隔离起来，连回家交代一声都不允许，以防有人"请托"（走后门），直到放榜才能出来。同时，举子交纳试卷后，采取卷首封弥（即截去姓名、籍贯）密封存档，第号（即以"三不成字"编上号码），还要誊录（即抄录卷子后，将原卷密封存档），考官只能用抄卷评阅，不但不知此卷考生为谁,连笔迹都不能辨认。考官分工极细,有封弥官、编排官、誊录官、检校官、初审官、复审官和参详官等。所有考官只能以试卷弃取和定等,根本不知其考生为何人。想要作弊,比登天还难。最后由考官共同监督,由编排官取出封弥的考卷与录取的试卷合号,这才知道谁被录取以及其名次,然后放榜。

这里,有两个有关科考的小故事:

一个是欧阳修当主考官时,有一位考生文章最好,为所有考官所公认,都主张列为第一名。欧阳修也认为最好,但他怀疑是自己门生曾巩的文章,怕别人说闲话,为了避嫌,将此试卷列为第二名。结果,合号放榜时,却是苏轼,后悔莫及。

再一个,是郑獬参加科举考试的故事。他少年即有凌云壮志,人称其"志大才高,有自知之明"。但天不遂人愿,他几次考试都名落孙山。然而,郑獬并不灰心丧气。相反,他更加用功,并立志科场称雄,夺取头名状元。

宋仁宗皇祐四年(公元1052年)秋季,郑獬三十岁,参加国子监(国立大学)的"发解试"。此时学业已成,他放言这次考试是当然的第一名(解元),结果榜上名列第五。郑獬心中不平,颇怪主考官缺乏识才的眼力。他在给主考官的《谢启》即感谢信中大发牢骚。其中有几句为:

李广事业,自谓无双;杜牧文章,止得第五。骐骥已老,甘驽马以先之;巨鳌不灵,因顽石之在上。

——沈括《梦溪笔谈》卷九

意思是说，他郑獬的事业像汉代飞将军李广那样，天下无双。自己的遭遇却像唐代的杜牧，尽管有《阿房宫赋》那样的绝妙文章，也只能名列第五。自己这匹骐骥——千里马已老，甘心让驽马——劣马领先了。我这个灵龟不灵，是因为身上压着个大顽石啊！

郑獬把自己比喻为李广、杜牧、千里马、灵龟，而将主考官比喻为压在自己头上的顽石。主考官见信气极，非常愤恨。恰巧，次年春季，郑獬参加皇帝主持的殿试时，国子监这位考官又被任命为评卷考官之一。他决心将郑獬黜落，以报其出言不逊之仇。当他看到一份试卷文字类似郑獬时，便大笔一挥，给抹掉了。不料，他搞错了。最后合号揭晓放榜时，状元竟是郑獬。那位考官只好暗暗认输。

宋仁宗朝一共举行十三次科举考试，没有出现过一次舞弊事件，足见其管理科学和严密，超过任何朝代。包公连见老师的面都不可能，更不用说关照了。他完全是靠自己的能力榜上有名。

宋代的科举考场贡院

2. 殿试

决定考生命运的一天终于到来了。当然，决定包公命运的一天也到来了。三月十八日，皇帝下诏：三月二十日在皇宫崇政殿举行殿试。同时，给入试举子颁发了编有座号的文牒（相当于准考证）。并且重申："崇政殿引试举人，不得将带文字书册入殿门"。就是不准带小抄作弊。看来这个规矩古今皆然。

三月二十日天亮前，包公、文彦博、吴育等四百九十八名举子，携带文房四宝和饭食（午餐），赴东华门外排队，等候入宫。举子入宫后，对号入座，崇政殿每个座位之间，均隔着一段距离，防止左顾右盼。

天亮后，仁宗皇帝驾幸崇政殿亲自主持殿试。他先宣布任命翰林学士宋绶等二十六人为监考官，并负责封弥、第号、编排和考校文牒。然后，考官与考生互相对拜，殿内并有茶水供应。

宋代对进士考试特别重视，并且尊师爱生，绝不像明清时代将考生视为"囚犯"，肆意搜身、侮辱。宋代取士就是为国选才，故相当尊重考生，也很民主。考生弄不懂考题，考官可以解答疑难，绝对不准无端驱逐考生。

宋仁宗宣布开考。考试内容是三篇文章：一赋、一诗、一论。题目分别是：《圣有谟训赋》、《南风之熏诗》和《执政如金石论》。这第三个题目《执政如金石论》，就是让考生写一篇从政报告，以测验其政治见解和才能，恰是包公的强项。因为题目深奥难懂，省元吴育第一个站起来请求皇上疏解题意，指点迷津。仁宗逐题解释一番，仍有举子不懂。最后，仁宗只好录出题目的出处及主旨大意，

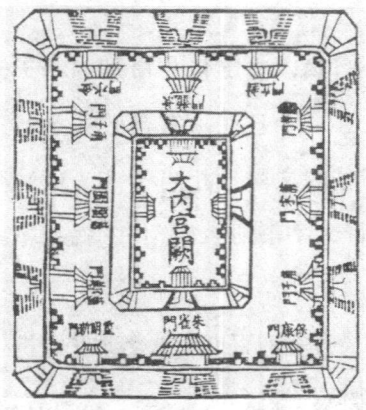

东京里城图　　　　　宫城宣德门

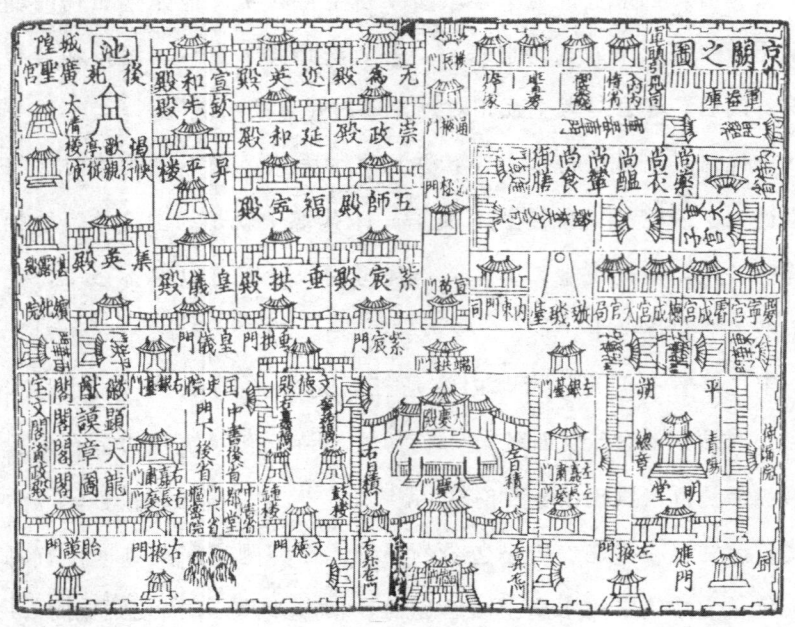

北宋东京皇宫图

当殿向全体举子宣示，并说明考试要求，考场才逐渐安静下来。考试到日落前终场（北宋不准燃灯夜试），举子交卷后离场出宫，等待几天后（一般三五天）再进宫到崇政殿，由皇帝亲自唱名放榜。

3. 唱名放榜

皇帝唱名放榜是在三月二十四日，地点仍为崇政殿。这天早晨，宋仁宗亲自到崇政殿龙位上坐定，文武大臣分别坐在两旁陪侍，称为"闻喜"。进士及第不光是考生大喜，皇帝和大臣还要来闻喜，显得气氛十分隆重。

这次殿试共录取进士三百七十七人，分为六等，也叫六甲。宋仁宗皇帝亲自依次一一唱名，君臣互相认识认识。新科进士这是第一次听到皇帝念自己的名字，也是皇帝第一次认识进士，极为高兴。第一甲共三十名，第一名是应天府（商丘）举子王尧臣，第二名韩琦，第三名赵槩。包公、文彦博也高中第一甲进士，名列前茅，在前30名之内。可见，包公三篇文章做得好，一举中甲科进士。

当宋仁宗正在为第一甲前三十名进士唱名时，奇迹出现了。据史书记载：

突然日呈五色，光华灿烂，照耀殿廷。

——《宋朝事实类苑》卷四十七《唱第日五色》

文武大臣认为是吉祥之兆，山呼万岁，祝贺朝廷为国家取得栋梁之才。整个崇政殿气氛热烈，新科进士更是一片欢腾。

北宋皇宫遗址上的龙亭

4. 琼林宴

唱名放榜后不几天，还有一次盛会，就是皇帝赐宴，为新科进士贺喜。地点在开封西南门外的琼林苑，所以史称"琼林宴"。程序如下：新科进士按甲第名次在皇宫列队出东华门，朝廷仪仗为前导，皇宫卫队护从（等于现在的警车开道），非常气派。大街两旁，人山人海，有的爬上屋顶、大树，观看状元和全体进士的风采。宋人说，就是率领十万大军的统帅进京报捷、献俘，也比不上新科状元和进士荣耀。

在琼林宴上，皇帝亲自把盏，向新科进士贺喜。文武大臣陪宴，与进士开怀畅饮，尽欢而归。包公自然无比高兴，马上就要出仕做官，为国家和黎民效力，真要"除暴安良效当朝"了。此后二十天左右，是新科进士休息、交游和等候授给官职的时间，可以自由活动。这期间还有个小插曲，就是"榜下捉婿"。皇帝、达官贵人家有女儿待嫁的，大都四处派人活动，为女儿在新科进士中选女婿，成为开封当时一道亮丽的风景。包公在家已成婚，自然少了许多麻烦。

包公第一次参加科考就得中甲科进士，充分说明他在殿试中，不仅策论写得好，而且诗、赋写得也不错。不然的话，他怎能在三百七十七名新科进士中名列前茅呢？包公学识出众，才能非凡，名不虚传。

5．授官

四月二十八日，新科进士第三次进宫，听从皇帝除授官职。按进士的等第、名次分别授职。一甲前五名王尧臣等最高，授予将作监丞、通判诸州（州府一级副长官，相当于现在的省辖地市级的副市长）。一甲其他二十五名进士包拯等，授职大理评事、知县。包拯授官大理评事、知建昌县。因父母年高，包拯要求在合肥附近差遣，以便忠孝两全。仁宗见包公如此孝顺父母，十分难得，印象深刻，立即改授包公为临近合肥的和州监税（相当于税务局长，仍为县级官员）。

6．衣锦还乡

四月二十一日，皇帝又赐新科进士每人一部经书《中庸》，以示恩宠，命五月离京赴任。包公返回合肥，父母年高不愿离开家乡，让董氏与包拯走马上任。这样以来，家庭老人又无人照顾了，他怎么走得了。包公决定辞掉官职，在家侍奉父母，先在家尽孝，后为国尽忠。此举出乎人们意料，青年人读书做官是一生的梦想，哪有给官不做的呢？

第三章

包公的孝道

包公进京赶考，一举中甲科进士，朝廷授官建昌知县，为了照顾父母，又按照要求改官距离合肥较近的和州，担任监税，即税务局长。父母年高"犹不乐远行"，即不愿离开家乡与包公一起赴任。包公为人至孝，在"尽孝"与"做官"的矛盾中，毅然决然地选择了辞官归乡，侍养双亲。

　　包公此举将许多人惊得目瞪口呆。因为在古代，读书做官是士子追求的目标，人们做梦都想着"十年寒窗苦，金榜题名时"，升官发财，光宗耀祖，哪见过新科进士弃官归乡的呢？

　　可是，包公毕竟是包公，他要做到忠孝两全，而且是先在家尽孝而后为国尽忠。理由是：为父母尽孝之日苦短，而为国家尽忠之日方长，理所当然，应先尽孝。包公有一个根深蒂固的观念，就是以孝为本。孝义高于一切，不孝之人无以为国。只有在家尽心孝敬双亲的人，将来做官才能为国家黎民尽忠，鞠躬尽瘁，死而后已。

像包公这样的新科进士，不当县长，不当税务局长，而向朝廷申请辞官请长假尽孝、侍奉双亲的人，天下少有，难怪令人不解。假期有多长？无限期长。即啥时父母宾天，孝满丧尽之后，包公才考虑复官，再去当县令为国尽忠。这样的假期何其长啊！后来事实证明，包公请假尽孝整整十年。请这样的长假，朝廷能批准吗？能。更令人惊叹的是宋仁宗，以仁孝为本，他完全照准。这种皇帝，恐怕也是天下少有，古今一人。

总之一句话，宋仁宗与包公是君臣际遇，十分默契；仁孝第一，尽忠第二；忠孝双全，共创奇迹。

包公死后，朝廷评价他的一生，给了个谥号"孝肃"，首先肯定"孝"是包公的第一个优良品质，当时的文坛领袖欧阳修也赞包公：

少有孝行，闻于乡里。

——欧阳修《欧阳文忠公文集》卷110

可见，包公的孝行，名不虚传。

明代绣像本小说中的包公形象

古今孝敬双亲的人多了，大孝子何止成千上万，为什么包公独领风骚，格外受人尊敬呢？待我们了解了古代的孝道，自然就会明白了。

一、古代的孝道

古代的孝道是有要求有标准的，主要内容是"孝亲"，即孝敬父母双亲。孝亲又要求做到三个字：养、丧、祭。这恰如古代经典《礼记》一书所讲：

孝子之事亲也，有三道焉：生则养，没则丧，丧毕则祭。

——《礼记·祭统》

怎么解释呢？就是孝子的标准有三：

1、生则养，指生前侍养；

2、没则丧，指死后安葬；

3、丧毕则祭，指葬后祭奠。

这里说的"养"，指侍养，不是单纯的供养。在孝的三项标准中，侍养是第一位的，最为重要，而安葬和祭奠，还在其次，当然也必须做到。无论是高官显贵或者平民百姓，如果生前不侍养父母，常年不看望父母，不管不问，或者仅仅给几个生活费了事；而父母死后，又是吹喇叭，又是唱大戏，将丧礼搞得轰轰烈烈，也仍然算不上真孝子。孝道要求和强调的是"侍养"，而不是"供养"，更不是死后"哀荣"。

包公尽孝义无反顾，抓住"侍养"二字不放，真正做到了"弃官侍养双亲"。

所以，他成为孝子的典范，天下共仰，千载传颂。

二、包公尽孝

1. 父母在，不远游

包公尽孝首先抓住"侍养"这个关键不放。他品学兼优，已到弱冠之年，但迟迟不肯参加科举考试，恪守"父母在，不远游"的古训。包公是一个有理想有抱负的青年才俊，按一般科考情况，二十岁左右即可中进士，为了在家尽孝，他至少延误了七、八年，29岁中进士已经太晚了。

2. 先尽孝，后尽忠

包公辞官归乡，侍奉双亲，尽心尽力，直到父母双双仙逝，妥善安葬和祭奠后，他又在墓旁搭建一座小草房，自己一个人住进去陪伴在父母身旁，恭恭敬敬地守了三年孝，人称"墓旁孝子"。这在古代，称为"庐墓终丧"。

按照大宋礼律，父母宾天，其子必须守孝三年，实际上是27个月，以报父母三年乳养之恩。不论什么高官显贵，都必须辞官守孝，即丁忧。否则，称为"夺情"，就是忤逆不孝，遭人唾骂，被视为衣冠禽兽，他就无法做人了。

包公在家守孝期满，又呆了两年，在众多乡邻的谆谆劝导下，

包公辞官奉亲

才准备进京复仕。这时,他已辞官归乡整整十个年头了。

十年,这在宋代仕途上是个什么概念?有些进士居官十年就升迁到朝廷大员,甚至宰相了。比如,北宋名相吕蒙正,就是豫剧《状元媒》里那个钦点大媒人吕蒙正,他中状元十年即成为宰相。

还有寇准,就是戏曲剧目《寇准背靴》里那个寇丞相。他十九岁中进士,不足十年,二十八岁就当上了副宰相(参政)。

再举个例子,与包公同榜中甲科进士的文彦博,此时已成为河东路转运使,即大省省长了。

3. 要求官员也是孝子

包公不仅自己当孝子,他要求入仕做官的人也都当孝子。理由是"不孝之人无以为国"。他们连父母都不孝敬,还会为国家和黎民效力吗?

包公当监察御史时,有个朝廷大员,名叫李淑。他身为翰林学士兼侍读学士,贪图官位,不侍奉父母。被人指责,他才要求侍养其父,但未及其母。然而,他不久又要求官职。包公对这种要官不要娘的人深恶痛绝,一连三次,大加弹劾,人称"三弹李淑"。

包公给朝廷上奏章,指责李淑身居高位,不侍养年迈的父母,后要求侍养其父，又不及其母，而且不几天就提出晋升官职，大发怨言。包公坚决要求朝廷让李淑尽孝，并具体提出意见，说李淑：

母年八十，别无侍子，不合从政，乞与外任，或令侍养。

——杨国宣《包拯集校注》

就是要朝廷将李淑贬出朝廷，或者罢其官，叫他回家侍养八十的老母亲去。可见，包公以孝为本，对官员的孝行，要求也非常严格。

宋人对包公的孝行评价非常高，不亚于赞扬他是"包青天"。

如，宋人吴奎论包公：

竭力于亲，尽瘁于君。

——吴奎《包公墓志铭》

什么意思？就是说，包公竭尽全力侍养双亲，鞠躬尽瘁忠诚于君，真正做到了忠孝两全。

再如，宋人张田赞包公：

人品之高，出处之正，足以师表后世。

——张田《孝肃包公奏议集·题辞》

这里，所谓"出处之正"指的就是"以孝为本"。包公以孝为本，品德高尚，足可为后世师表。

三、包公嫂娘之谜

在戏剧和民间传说中，有个故事流传极广。这就是包公从小由嫂嫂抚养长大，敬嫂如母，称为"嫂娘"。

嫂送三叔从师

真是这样吗？当然不是。试想，包公大哥、二哥早年夭亡，他没有哥哥，哪来的嫂娘？那么，包公"嫂娘"之说是空穴来风吗？也不是，这是个天大的误会。因为：

包公有个小儿子包绶是由嫂嫂抚养大的，他敬嫂如母，称为"嫂娘"，这事千真万确。后来，阴差阳错，误传到包公身上了，真是大错特错。这件事有点儿扑朔迷离，有必要交代一番。

包公与夫人董氏生有一男二女，儿子名叫包繶，朝廷加恩封为太常寺太祝。包繶二十二岁时娶十九岁的崔氏为妻，生一子，叫包文辅。不幸，婚后二年，包繶病故，崔氏成为寡妇。崔氏何人？她是鄂州武昌县令之女、北宋名相吕蒙正的外孙女，大家闺秀。

包公夫妇见崔氏年少,不忍其一辈子守寡,便劝她返回娘家改嫁。崔氏哭着说:

翁(指包公),天下名公也。妇生为包妇,死为包鬼,誓无他也。

——《崔氏墓志铭》

崔氏誓死不嫁,一心侍奉二老,抚育幼子。谁知祸不单行,包文辅五岁夭亡。崔氏悲痛万分,但仍不改嫁。

就在此后不久,包公的一位媵妾孙氏,身怀六甲,包公夫妇便打发她回娘家居住。

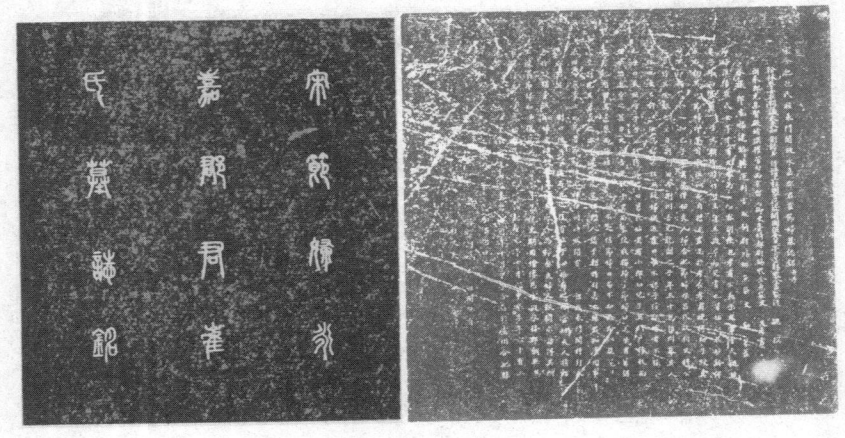

崔氏墓志盖与墓志铭

包公的儿媳崔氏对孙氏十分关怀和照顾。天遂人愿,孙氏果然生下一个男孩,崔氏便抱回自家房里,精心抚养,史称其"慈养之如己子",就像养育自己的亲儿子一样。宋仁宗嘉祐三年春,包公六十大寿。崔氏和董氏抱着这个一岁男孩让包公起名字。包公有了儿子,自然非常高兴,便取名綖,即包綖,后改名包绶。

嘉祐七年(公元 1062 年),包公六十四岁去世时,包绶年仅五岁。宋仁宗驾幸包家吊唁,见包绶五岁而孤,心生怜悯,晓谕随从大臣好生看顾,并封包绶为将仕郎、太常寺太祝。

次年,崔氏之母从荆州来到合肥,硬逼女儿崔氏改嫁,并说已找好一个对象,恰好与女儿同岁,都是三十岁整,只等回去成亲。并说:"夫死守子,子死何待?"崔氏回答其母说:

> 舅(包拯)丧姑(董氏)老,有小郎(包绶),如儿子,其门户待我而立。
> ——《崔氏墓志铭》

董氏墓志铭

宋代媳妇有时称公公为舅,婆婆为姑,表示亲近之意。崔氏母亲无奈,只好作罢。

董氏非常感动,将媳妇事迹报告朝廷,封崔氏为寿安县君。后董氏病重,崔氏与包公小女一直陪床护理。董氏逝世后,包绶才十一岁。崔氏又将包氏族人之子、孤儿包永年过继到包繶门下为养子,将弟弟包绶和义子包永年一起养大成人。因崔氏高风亮节传颂于乡里,官府报到朝廷,特封崔氏为永嘉郡君,予以表彰。这道圣旨是北宋大文学家苏轼起草的:

敕，崔氏，汝甲族之遗孤，大臣之冢妇，夫亡子夭，茕然无归。而能誓死不嫁，抚育孤弱，使我嘉祐名臣之后，有立于世，惟汝之功。……表异其所居，以风晓郡国。

——《苏轼文集》卷三十八

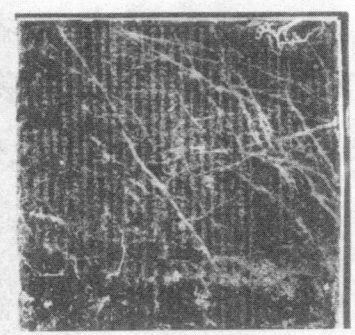

包绶墓志盖与墓志铭

这段圣旨大意是说，崔氏是世家大族之遗孤，名臣包公嫡长子之妇，夫死子亡，孤苦无依。而能誓死不嫁，抚育孤弱（指包绶、包永年），使嘉祐名臣包公有后代立于当世，全是你的功劳。所以特封汝为永嘉郡君，高风亮节，名扬郡国。

包公小儿包绶长大，恪守孝道，一直敬嫂如母，称为"嫂娘"。这就是包公小儿子包绶嫂娘的故事。

四、孝肃家风

包公后裔皆以包公为楷模，以孝为本，坚守孝道。包绶对董氏、崔氏与生母孙氏都非常孝顺。宋仁宗绍圣元年（公元1094年），崔氏病故，六十二岁。包绶"以母礼视之，守孝终丧"。而包永年更是"杜门终丧，乡间称其孝"，还说包永年"早孤，奉母至孝"，人称"孝肃家风"。孝肃家风主要内容有二：

1. 孝亲，是包公"孝肃家风"的第一道亮丽风景；
2. 忠于朝廷，反腐倡廉，做官清正廉明。包公生前有一则家训：

后世子孙仕宦，有犯赃滥者，不得放归本家；亡殁之后，不得葬于大茔之中。不从吾志，非吾子孙。

——《包拯集》附录《家训》

这里需要说明的一点是，有的学者把包公这则《家训》说成是临终遗嘱，这是误解。《家训》是生前什么时候都可以订立的"家法"，而遗嘱是临终对家人的嘱咐。二者不可混为一谈。

包公《家训》极为严明，教育子孙做官要廉洁自守，绝不许贪赃枉法。否则，活着不能进家门，死了也不能入老坟，极严厉，真是骇人听闻。

包公作为一个政府官员，订立这样严肃认真的反贪倡廉的《家训》，可以说是前无古人，后无来者。

包公子孙做官都勤政爱民，廉洁自守，恪守《家训》，这又是"孝肃家风"的一道亮丽风景。包公次子包绶官至朝奉郎（正六品）谭州（长沙）通判。他任濠州团练判官时，"奉公守法，卓有盛誉""人称廉洁，思惠爱，异口一词"。

包公家训

孝肃以清白劲正光于青史……孝肃之风,至于公而益炽也。

——《包绶墓志铭》

包永年,作为包公的族孙,二十五岁出任开封府咸平(今通许县)县主簿(副县长),后官至宣教郎(正七品)、鄂州崇阳县令。史称:

"廉勤自守,蔚有政声,吏民爱思","包公之后,信乎有是贤孙也"。

——《包永年墓志铭》

包公子孙包绶、包永年等,都是清官廉吏,为官一任,造福一方,深受百姓爱戴,包永年两袖清风,死后,了无蓄积,丧事还是两个弟弟帮助操办的。直到现在,包氏族人仍以保持"孝肃家风"为荣。

俗话说"好事多磨"。包公尽孝毕丧之后,终于准备复仕为国尽忠了。他进京之前写了一首明志诗。那么这首诗究竟写了什么?包公要怎样做官呢?

第四章 勤政爱民的父母官

一、赋诗复官

包公为父母尽孝圆满之后,按照他自己的理念,就应该为国尽忠了,或者说报国安民。包公要做什么样的官呢?复官前,他写了一首非常著名的明志诗。诗曰:

清心为治本,直道是身谋。
秀干终成栋,精钢不作钩。
仓充鼠雀喜,草尽狐兔愁。
史册有遗训,无贻来者羞。

——《包拯集·附录》

包公这首诗公开申明了自己为人处世和从政做官的道德准则。

其大意是：

　　清心寡欲是修身养性的根本，正道直行是处世和做官的原则。只要是根子正树干直的良木，必能成为国家栋梁之材。纯粹的精钢是不能扭曲而做弯钩的。国家的仓库充盈了，丰满了，老鼠麻雀也会喜跃不止。如果田地里连草也不长，那么狐狸兔子都要犯愁。史书上记载着先贤的训诫，做官不能有恶行劣迹而被后人羞辱。

　　这首诗是包公一生的座右铭，也是一首正气歌。他是唱着正气歌去复仕做官的。一句话，他要做一个无愧于先贤和后人的清官廉吏。

　　后来，包公完全实践了自己的诺言。他立朝二十六年，上报国家，下安黎民，一身正气，勇斗贪官污吏，务求国泰民安，终于成就了一个传颂千载的杰出人物——"包青天"。

　　宋仁宗景祐四年（公元1037年），包公终于进京复官了，这年他三十九岁，已近不惑之年了。朝廷以仁治国，而孝为仁之本，听说在家尽孝十年的大孝子包拯来京复官，认为他"才高行洁"，马上报告仁宗皇帝，遂授官大理寺丞（从八品）、知天长县（今安徽天长市）。

　　据史书记载，包公这次入京后居住在皇宫附近的同里巷，还惊动了一位大人物。谁呢？就是当朝宰相吕夷简。吕夷简的女婿、工部尚

包公像

拯立朝纲　闻者惮之

书马亮正是合肥人，与包公有同乡之谊。此二人都是朝廷重臣，举足轻重。吕夷简上朝在朝廷待漏院登记簿上发现包拯住处与自己府邸较近，误以为包拯是为了造访他方便才就近下榻的，心中十分高兴。可是，他早等晚等却不见包拯人影。某日，突然听说包拯授官天长知县上任去了，大为吃惊，而且若有所失。

吕夷简吃惊什么？因为他在官场哪里见过像包拯这样有同乡之谊上层关系的人而不来往的呢？他认为包拯是一位奇人，与众不同，又因为与其擦肩而过，感到惋惜，所以若有所失。俗话说，姜是老的辣。吕夷简凭其官场经验，已认定包拯非同凡响。

二、北宋亲民官的"四善"和"三最"

北宋规定，新科进士必须以朝官身份先做地方官，包公辞官尽孝十年后复官，也必须从头开始。宋代地方行政长官，知府、知州、知县以至镇、寨长官等，统统称为"亲民官"，别称"父母官"。什么意思呢？朝廷认为，为官之道，首为亲民、爱民。要爱民如子，让百姓安居乐业，以实现国泰民安。三年任满，朝廷进行考核，以定其优劣，决定升降或去留。

对府、州、县等地方官的要求和考核标准是"四善"和"三最"。现在分别论述：

首先，亲民官的"四善"是：

1. 德义有闻。即德行道义，孚于人望。
2. 清谨明著。即清廉勤谨，政绩卓著。
3. 公平可称。即公平正义，百姓称赞。
4. 恪勤匪懈。即恪尽职守，并无懈怠。

我们仔细看一下，这就是做好地方官的四项标准。它的核心是清正廉明，成效显著，而且必须是百姓认可。看来，宋代考核官吏，也讲民意测验。亲民官是否亲民、爱民，也是由百姓评论。

其次，亲民官的"三最"是：

1. "在任断狱公平，民无冤滥；赋税及时了办，不烦追扰（即不能逼迫）；差役均平，并无论诉（告状）之人，及虽有论诉之人，而无不当之理"。此为"治事之最"，即政权建设之最。

2. "在任能屏除盗贼，里民安居，劝课力田，使野无旷土（荒地）；又能赈恤困穷，不致流移（逃荒）；虽有流移之人，而多方招诱，都令复业。一任之中主客户比旧籍稍有增衍"。此为"抚养之最"，即抚养百姓之最。

3. "在任架阁簿书，务必整齐，经提刑、转运点检，别无散失；

及兴修水利，疏通积水，以利民田，能劝诱人户种植桑枣"。此为"劝课之最"，即奖励农耕之最。

这个"三最"，实际上就是说，断案公平，无冤案，赋税差役均平，无上诉告状之人。百姓安居，摒除盗贼，赈恤困穷，无逃荒要饭之人。再是兴修水利，奖励农耕。

这"三最"标准相当高。其中，也贯穿一个核心：亲民、爱民。让百姓安居乐业，以实现国泰民安。所以，在宋代要做好一个地方官并不容易。

包公在天长县三年任满，政绩优异，百姓拥戴。天长县人民感谢包公，在城东门闹市口为他建立一座祠堂，敬若神明。而朝廷更为满意，将包公的官职升迁为殿中丞（正八品，后官制改革为从七品）知端州（今广东肇庆市）。

包公一生做地方亲民官约十年时间，总是为官一任、造福一方，为百姓作了许多有益的好事。凡是包公做官的地方，百姓都非常拥戴他，而且建立包公祠纪念他的功德。

三、包公如何当亲民官

包公如此受人尊敬，那么他当地方父母官究竟做过哪些让百姓念念不忘的好事呢？包公是如何亲民、爱民的？

在端州，包公兴利除弊，开办教育等做过许多好事，现在选择两件予以介绍：

1. 开凿水井,解决居民饮水问题

这是包公到端州做的第一个亲民爱民工程。当时,端州濒临西江,洪涝灾害不断,疫病流行。原因是居民饮用的江水、湖水污染严重,为害极大。包公作为亲民官,他实地访贫问苦,见百姓多带病色,面黄肌瘦,找出原因后,马上拨款并亲自带领吏民开凿水井,解决居民生活用水。城内外一共打了七口水井,百姓感激涕零,称其为"包公井"。据《肇庆府志》记载:"包公井在府厅之东,宋康定间郡守包拯所凿,其水清冽"。直到今天,肇庆旧府衙内和龙顶岗还有两口包公井,保存完好。纪念包公千年诞辰时,笔者曾到肇庆开会还亲自参观过,感慨良多。俗话说,饮水不忘掘井人,千年以来,肇庆一直建有包公祠,对包公敬若神明。

广东肇庆包公井亭

肇庆包公井

2. 革除弊政,不持一砚归

包公在端州,有一件事几乎所有宋代史书都有记载,使他名扬千古,这就是"岁满不持一砚归"。《宋史》具体记载如下:

> 端州产砚,前守缘贡率,取数十倍以遗权贵。拯命制者才足贡数,岁满不持一砚归。
>
> ——《宋史·包拯传》

什么意思呢?端州出产一种名贵的砚台,称"端砚"。每年给朝廷进贡一定数额。从前的端州长官往往在贡砚数额之外,增收几十倍的砚台,用以赠送朝中权贵,谋求升官发财。而包公命令制砚工人只按朝廷贡砚数额交纳,连一方砚台也不多收。包公以身作则,三年任满,"不持一砚归",就是自己不要一方端砚而返回京师开封。

这件事看来并不大,为什么影响这么大呢?原来端砚极为名贵,在唐代就是朝廷贡品。士大夫视端砚如至宝。唐代名臣魏征有一方端砚,平时收藏起来,只有为朝廷写奏章时才用,临死还嘱咐家人以此砚陪葬,可见他多么喜爱了。

端 砚

端砚石质温润,纹理细密,发墨快而不涸,研墨不滞不损毫,书写流利生辉。至宋代制作更精,仍是年年向朝廷进贡。但制砚工人极苦,一方好砚石采掘艰难,还有生命之忧。工人为了进贡,苦不堪言,生活不保,甚至家破人亡还完不成任务。其实,朝廷每年征收砚台并不多,主要是地方官层层加码,增加几十倍的数额,才给工人造成了苦难。

包公知道实情后,立即下令,只按贡砚数额征收。任何人,包括他自己,不准向工人索要一方端砚,违者严惩不贷。此告示一出,端州制砚工人奔走相告,拍手称快,称包公为"包青天"。

包公是著名书法家,《书史会要》一书曾著录其大名,并收入其书法作品。宋人称包公书法:

笔法端劲,翰墨间风流蕴藉。

——《后村先生大全集》卷103

包公身为端州知州和书法家，对端砚自然是喜爱的。但他是亲民官，亲民、爱民是第一位的，绝不会盘剥百姓，中饱私囊，三年任满，居然"不持一砚归"，返回京师开封，实在难能可贵。什么是"清官"？断案公正是清官，清正廉明，爱护百姓，同样是清官。

包公掷砚处

据说，包公离任返回京师时，端州砚工心里过意不去，为了对包公表示感谢和敬意，合伙精制了一方端砚，嘱咐包公的书童包兴收好，待回到京师再送给包公。谁知，包公返京时乘船走到羚羊峡，顿时黑云密布，狂风骤起，电闪雷鸣，暴雨从天而降，乘船旋转不前，危险万分。船上有人说："咱们谁做了亏心事了，惹得上天发怒了？"一句话提醒了包公。他命令检查行装，有无违禁品。包兴无奈，拿出一方用黄布包裹的端砚，说明了原委。包公接过端砚，向端州百姓深深鞠了一躬，随手将端砚掷进了江中，并说："包某决不

带走端州百姓的一石一物。"说来奇怪,顿时风停雨收,天晴气朗。不久,百姓发现包公掷砚处出现一个小岛绿洲,便起名"砚洲"。后来,高要县百姓修建了一座"掷砚亭",来纪念包公的高风亮节。为此事,还专门在高要县城门上刻一副对联,后又刻写于端州署衙大门两旁:

星岩朗耀光山海　砚渚清风播古今

包公掷砚的传说,尽管有许多神话色彩,但包公清正廉明,身为知州和书法家而不贪一砚,却是史有明载。包公在那种大官大贪、小官小贪,甚至无官不贪的封建社会里,不贪一砚,更显其清官本色。七十年代,合肥清理包公墓及其子孙墓的陪葬物中,仅有一方普通的砚台而没有端砚。《人民日报》为此专门发表了《包公掷砚》一篇文章,肯定包公不贪一砚的美德,称其居官清廉爱民,足资借鉴。

3. 外甥有理打得舅

按照宋代任官制度,一般本人不在故乡任父母官,这叫"回避"。因为"家乡官难做",亲朋故旧,邻里乡亲,人情网重重叠叠,难以打破,依法办事不容易做到。

皇祐五年(公元1053年),包公五十五岁,他的独子包繶病故,老年丧子,人生大不幸,便请求朝廷辞去河北都转运使职务,在故乡庐州附近给以差遣。宋仁宗为了照顾安慰包公,先任命他知扬州,未到任便改任刑部郎中、知庐州。

包公任职庐州二年，为家乡人民办了许多好事，如免除苛政房产转移税，当时称为"讨转业"，即不交纳房地产转让费。因干旱减收而救济灾民，解决粮荒问题等，颂声载道，官声极好。其中有一件事，影响很大。据司马光《涑水记闻》一书记载：

> 包希仁知庐州，庐州即乡里也，亲旧多乘势扰官府。有从舅犯法，希仁挞之，自是亲旧皆屏息。
>
> ——司马光《涑水记闻》卷九

什么意思呢？就是说包公在故乡当官，亲朋故旧多借其势力，做一些违法乱纪的事情，弄得县、镇等地方官很难办。一次，包公的从舅犯法，仗势霸占了乡民田产，因县、乡不便处理，人家直接告状到庐州府包公那里。包公觉得这不是个案，也不是从舅一人干违法的事，必须严肃处理。包公依法办事，直接把从舅传到大堂审问，情况属实。包公命衙役将从舅依法打了一顿板子，勒令退还人家田产，并赔礼道歉。此事出人意料，反应强烈。一种人认为包公太过分，舅父属于近亲长辈，退还田产也就是了。另外一种是群众意见，群众拍手称快，赞扬包公"外甥有理打得舅"，应该打，还敲锣打鼓给府衙送了一块大匾"庐阳正气"。后来，"外甥有理打得舅"这句话，逐渐演变为一句成语，一直流传至今。"包公有理打得舅"不是演义，也不是评书小说，而是历史上的一件真事。千百年来，百姓都说包公铁面而无私，执法如山，包公打舅就是铁证。试想，古今中外官僚成千上万，有几个外甥依法敢打他舅的？

开封府大堂门前的诫石铭

包公此举果然十分有效,亲朋故旧见他如此铁面无私,执法如山,于是都收敛了起来,再也不敢胡作非为了。

4. 抗洪救灾,开通惠民河

包公做亲民官的最高官职是权知开封府,即当开封府尹。开封府是管理首都的最高行政机关,人称天下首府,天府。开封府除了管理京城十九厢、一百三十四坊外,还管理着京畿十七县、二十四镇。工作任务极为繁重。繁重到什么程度?据史书记载,开封府的铜官印,因为磨损厉害,每年要换一颗新印。每月用秃的毛笔就有一箱。

包公是嘉祐元年(公元 1056 年)被任命权知开封府的。这年包公五十八岁,是一位名副其实的老包公了。实际上于次年(公元 1057 年)三月,他才正式到任。包公上任才几个月,刚到六月,天公不作美,开封连降大雨,蔡河(又称惠民河)暴涨,直淹京城,洪水比去年更严重。据《宋史》记载:

疏通蔡河

洪水从安上门（也称戴楼门）灌入，直冒城郭，门关折，坏官私庐舍数万区，城中系栰渡人。

——《宋史·五行志》

惠民河上的龙津桥遗址

包公在关键时刻，指挥若定，雷厉风行，一面组织军民抗洪抢险，保城安民；一面组织人员查找蔡河泛滥原因，以便根治，永绝水患。当他确切知道原因，即：

中官势族筑园榭，侵惠民河，以故河塞不通。

——《康熙开封府志·名宦上》

包公果断下令，将所有跨河的楼台、花园、水榭等，统统予以

开封今存蔡河遗址

拆毁，以泄水势。河道一通，洪水泄去，威胁解除，京师军民拍手称快，欢呼赞扬之声，响彻大地。个别中官势族，伪造地契，私增步数，与包公纠缠。谁知包公十分认真，亲自度量步数，揭露他们弄虚作假的行为，并上奏皇帝，一一进行惩处。还组织人力、物力，疏通了惠民河，解决了多年未能解决的老大难问题。

这样以来，包公威名大震，史载：

贵戚宦官为之敛手，闻者皆惮之。童稚妇女亦知其名，呼曰"包待制"。关节不到，有阎罗包老。

——《宋史·包拯传》

意思是说，包公成了显官巨宦闻名丧胆的铁腕人物。同时，也成了百姓心目中敢于除暴安良的"包青天"。

开封府是包公当亲民官的最后一站。次年即升任御史中丞，即朝廷最高监察官，相当于最高检察院检察长。那么包公当监察官反贪倡廉的情况如何呢？

第五章 铁面无私的监察官(上)

前面讲到包公当地方父母官，廉洁奉公，勤政爱民，真正做到了"为官一任，造福一方"，深受百姓爱戴，赢得了"包青天"的美名。

这里讲包公当朝廷监察官。宋代朝廷监察官与地方父母官截然不同，职责是监督纠察百官过失，肃正纲纪和规劝皇帝。

朝廷监察官包括御史台所属三院的御史和谏院属官左、右司谏，左、右正言等，合称为"台谏官"，亦称为言事官。他们都是皇帝直接任命的近臣，"耳目之官"。文武百官无不敬畏三分。

一、台谏官合一

宋代御史台官员的职责是：

掌纠察官邪，肃正纲纪。大事则廷辩，小事则奏弹。

——《宋史·职官志》卷164

谏院官员的职责是：

凡朝政阙失，大臣至百官任非其人，三省至百司事有违失，皆得谏正。

——《宋史·职官志》卷 161

在宋代以前，台官和谏官职责分明，前者负责监督百官，后者负责规谏皇帝。而宋代监察制度的特点是台谏官合一，都可以监督、纠察百官过失和向皇帝谏诤。从上述两条台、谏官职责，我们看得很清楚，它们完全合二为一了。这是宋代加强中央监察职能的重要举措，以防止文武大员专权。凡国家大事或者皇帝有重要诏旨，都要进行廷辩，即朝官与皇帝一起讨论，以防范失误。这样做，实际上削弱了宰相的权力，有利于皇帝施行中央集权。

二、依法治国，反贪倡廉

包公当监察官一共五年零五个

包公《乞不用赃吏疏》

多月，大约五年半时间。他依法治国，铁面无私，刚直不阿，上报国家，下安黎民，总共弹劾过 61 个中高级贪赃枉法及各种违纪官员，包括皇亲国戚和宰相，并多次直接批评、指责皇帝宋仁宗的错误。人送绰号"包弹"，贪官污吏闻名丧胆。

包公有句名言：

廉者，民之表也；贪者，民之贼也。

——《包拯集·乞不用赃吏疏》

包公认为，清官廉吏是民众的表率，是榜样，他能为国家争光，得到民心。而贪官污吏则是民众的恶贼，蛀虫，他能给朝廷抹黑，失去民心。包公当监察官旗帜鲜明地提出"反贪倡廉"，人称包公为中国古代第一清官，他当之无愧。

那么，包公当朝廷监察官都做过哪些震动朝野而令人津津乐道的美事呢？其实，他只做过两件大事：一是弹劾贪官污吏，不遗余力；二是保护清官廉吏，为国荐贤。

包公好像是天生的监察官，他眼睛特亮，明察秋毫；耳朵特灵，无所不知。上至皇帝，下至百官，谁做了危害国家黎民的事情，包公都能访闻到，或进谏或弹劾，决不放过。而最著名，影响最大的事件莫过于"弹劾大贪官王逵"了，史称"七弹王逵"。

三、七弹大贪官王逵

王逵，字仲达，濮阳人，曾中进士，四任转运使（相当于省长），一贯贪残不法，杀害良民，陷害忠臣，无恶不作，五毒俱全，是朝野臭名昭著的大贪官，民愤极大。但由于他与宰相陈执中、贾昌朝关系密切，加上每年上贡粮款较多，也受到仁宗皇帝青睐，不断嘉奖他。即使在朝臣的弹劾下，王逵总是被罢官贬职后不久就又被任命为一路的转运使，即官复原职，成为官场的"不倒翁"。现在，包公当上了监察御史，后又升任天章阁待制、知谏院（谏院长官），王逵算是遇上了真正的克星。

包公揭露了王逵的前后罪行，新账老账一起算，他弹劾道：

伏见王逵凶暴无识，心同蛇蝎。在湖南日，酷法诛求财利，苛图进擢，民被杀害，罔知其数。黜降之后，潭州父老数千人共设大会，以感圣恩与人除害；在城数万家，三夕香灯彻曙，又被苦人家，并刻木作王逵之形，日夕笞挞，其人心憎恶如是。及任江西转运使，依前残酷，枉法徒配民吏，恣以威福。

——《包拯集·弹王逵七》

大意是说：王逵在任荆湖南路转运使时，除了追缴正常的夏、秋两税外，一次就巧立名目，非法加征粮款三十余万贯，称为"羡余"，即超额税款，是贪官为了媚上邀宠而在国家正税外盘剥百姓所

弹劾王逵转运使之赃罪

得的多余上供钱物。仅潭州（今长沙）地区，就有七百余户，成千上万人倾家荡产还交不够税款，被逼走投无路，逃入山洞，部分群众反抗暴政，谋求活路，又遭王逵疯狂捕捉，滥用酷刑，惨遭杀害者不计其数。后有人告发到朝廷，舆论哗然，引起朝野正直人士的公愤。朝廷无奈，只好将王逵免官，贬知池州（今贵池市）。

王逵离开潭州时，人心大快，成千上万百姓隆重集会，庆贺朝廷为百姓除了大害。同时，潭州三个夜晚灯火不息，烧香磕头，感谢上天剪除了王逵这个大灾星。还有不少受害人家，用木头刻成王逵的丑恶形象，日夜鞭打斧劈，咒骂不止，以解心头之恨。

像王逵这样残害百姓、十恶不赦的贪官恶吏，在池州、扬州混了不长时间，又官复原职，被任命为江南西路转运使（相当于今天江西省）继续为非作歹了。包公在弹劾王逵的奏章里这样写道：

臣访闻江南西路转运使王逵行事任性，不顾条制，苛政暴敛，殊无忌惮。州县稍不徇从，即被掳拾，吏民无告，实可嗟悯……王逵害民蠹化，众议不容，伏望圣慈特与降黜，则天下幸甚。

——《包拯集·弹王逵一》

包公奏章写的再明白不过，王逵在潭州的贪酷本性不仅未改，而且变本加厉，在江南西路残害吏民，有过之而无不及。但是朝廷对包公奏章居然应付了事，批给王逵部下提刑官李道宁调查处理，实际上根本不打算处理王逵，这是在忽悠包公。

接着包公二次上疏，指出朝廷批复不当。因为转运使王逵本身就兼有按察权，提刑司怎么能调查处理权力大于自己的上司转运使王逵呢？

这一次上疏更糟，朝廷居然将李道宁调知泸州（今四川泸州市），命王逵兼管提刑司。大家看看，朝廷竟然让王逵自己调查处理自己？明眼人一看便知，这是仁宗和宰相公开包庇王逵，继续在忽悠包公。

这样一来，王逵更加嚣张，公然对告发过他的官员打击报复。王逵怀疑洪州（今江西南昌市）知州卞咸到朝廷揭发过他在潭州的罪行，便指使亲信，捏造罪名，将卞咸逮捕下狱，上下株连五、六百人，制造了一个大冤案。同时，王逵还叫自己的亲信李道宁向朝廷保举自己继续当转运使。

王逵罪恶昭彰，残害正直人士，手段极为恶劣，朝廷居然听之任之，包公能忍吗？肯定不能。

包公怒不可遏，第三次上疏弹劾王逵，指责朝廷公开包庇王逵，致使王逵陷害无辜（指卞咸），造成大狱，建议朝廷立即将王逵罢职贬官。

由于包公连章弹劾，加上王逵诬陷卞咸，大搞冤狱，引起朝野上下公愤，朝廷看实在包庇不下去了，只好将王逵贬官，贬知徐州。

这种处理，实际上仍然是轻描淡写。像王逵这种罪恶累累，双手沾满百姓鲜血的人，仅仅降知徐州，太便宜他了。

但是，包公通过王逵事件，思想认识也得到了升华。他认为：

一、宰相陈执中、贾昌朝、宋庠与贪官污吏王逵都是一块地里的毒瓜，同属反对范仲淹庆历新政的奸党旧派。这些人极端腐朽，极端腐败，祸国殃民，为害不浅。但要除掉他们也不容易，因为他们上下勾结，狼狈为奸。

二、范仲淹、欧阳修、杨纮、王绰、王鼎等庆历新政官员，才真正是国家的忠良。他们澄清吏治，打击贪官污吏、提倡廉政建设完全正确。可惜新政失败了，这些德才兼备的官员都被贬出了朝廷。

三、宋仁宗是个平和皇帝，守成皇帝，没有治国安邦的气魄。虽然国家大事都在朝堂讨论议定，似乎比较民主，但实际上解决不了根本问题。宋仁宗开始是支持范仲淹新政，打击贪官污吏的，后来居然在守旧派官僚的反扑和诬告下退却，遂使庆历新政失败，范仲淹、欧阳修等被贬。宋仁宗虽然能包容正人，但同时也包容坏人，使得包公无可奈何。

包公怎么办？他决定仍然坚定不移地弹劾贪官污吏，同时大力保护清官廉吏。对皇帝不能弹劾，那就直言正谏，据理谏诤。

皇祐二年（公元1050年）初，包公升任天章阁待制、知谏院，仍为监察官。他听说王逵又官复原职，改任淮南转运使，真是气不打一处来，立即上书弹劾。这是他第四次弹劾王逵了，朝廷却来了个装聋作哑，默不作声。包公嫉恶如仇，见朝廷曲意包庇贪官王逵，极其愤怒,连章弹奏王逵,且双管齐下,矛头直指皇帝宋仁宗。

包公明确指出:

王逵奸险惨毒之性,无改悔之理。

若命酷吏(王逵)为之职司,而令一路(省)之民独受其患,是一夫(王逵)之幸,而一路(省)之不幸也。窃恐伤陛下爱民恤物之心。

——《包拯集·弹王逵三—五》

意思是说,王逵阴险、奸诈,恶毒成性,是一个死不改悔的贪官和酷吏。朝廷不听劝谏,坚持包庇任用这种酷吏,使一省吏民独受其害,这只是王逵一个人的幸运,却是一省吏民的大不幸啊,朝廷何能忍心,我真为朝廷感到羞愧。难道朝廷就不怕有伤德化,有损于陛下爱民恤民之心吗?

此后,包公见朝廷仍不改正错误,并无收回任命王逵为淮南转运使的意思,怒不可遏,便公开指责朝廷:

以王逵所在残暴、猥滥之状,彰灼如是,而上下蒙蔽,曲加擢用,亦何示警于后哉?

——《包拯集·弹王逵四—七》

包公说,王逵残暴、贪恶之状,明明白白摆在那里,朝野皆知,天下公愤。朝廷却装聋作哑,上下蒙蔽,曲加擢用,今后还怎么惩戒处置贪官?就是说,像王逵这种名牌大贪官,朝廷都要公开包庇重用，以后反贪倡廉，不就成了一句空话，还能去惩办谁呢？

朝廷见包公理直气壮，抓住王逵不依不饶，再包庇重用下去将会引起朝野公愤，不得不忍心"割爱"，终于将王逵这个十恶不赦的贪官酷吏罢官免职。

包公"七弹王逵"终于为人民除了这个大祸害，大灾星，朝野上下无不拍手称快，并送给他个雅号叫"包弹"。后来，"包弹"成为一句民间谚语。人们议论在职官员时，对清官廉吏誉之为"没包弹"；而评价贪官时，便说是"有包弹"。"有包弹"和"没包弹"成为贪官污吏和清官廉吏的分水岭。

第六章

铁面无私的监察官（下）

一、两弹宰相宋庠

包公的治国思想是："民为国本"，即"民者，国之本也"，他当监察官自然也是"以民为本"。所以，包公最痛恨盘剥和虐杀平民百姓的贪官污吏王逵等人。包公认为百姓反抗暴政、揭竿而起，全是贪官污吏逼迫的结果，即"官逼民反"。应当首先惩治的是贪官污吏，而不是镇压百姓。惩办了贪官污吏，百姓才能安居乐业，如王逵罢官贬职之后，潭州风波自然就平息。包公这种"以民为本"的思想是非常可贵的，是包公文化的基础，值得发扬光大。

包公当监察官只有五年半时间，却弹劾贪官污吏六十余人，平均每年十多人，可谓不遗余力。他弹劾的贪官污吏大致可归纳为三种：

一是残虐不法，官逼民反者。如转运使王逵、皇亲郭承佑、仁

北宋宰相宋庠像

宗的亲信宦官阎士良等人。

二是损公肥私、蠹政害民者。如贩卖私盐一万余斤的转运按察使张可久。强占民田、大兴土木、苦害良民的保州治边观察使杨怀敏等人。

三是贪恋官位和无耻求进者。包括贪图荣禄、固位无耻的庸官俗吏和上下奔走权贵之门的跑官要官者。如宰相宋庠、枢密使夏竦、翰林学士李淑、皇亲李昭亮等人。

在包公弹劾过的诸位官员中，宰相宋庠的官职最高。宰相是辅佐皇帝、总揽政务之高官，国家的栋梁，相当于现在的国家总理或首相，弹劾他自然要十分慎重。何况宋庠属于"贪冒非才者膠固其位"，就是说，他是个才不堪其任而又无明显过错的庸官俗吏，弹劾他很不好措辞。于是，包公便发挥聪明才智，在宋庠无所作为上大做文章。

包公在奏章中这样弹劾宋庠：

执政大臣与国同体，不能尽心竭节，卓然树立，是谓之过，宜乎当黜；非如群有司小官之类，必有犯状挂于刑书，乃为过也。

宋庠自再秉轴衡，首尾七年，殊无建明，略效补报，而但阴拱持禄，窃位素餐，安处洋洋，以为得策。……足见其固位无耻之甚也。

——《包拯集·弹宋庠》

什么意思？就是说，执政官与国家同休戚共患难，是国家的代表。如果不能尽心竭力为国效劳，施以卓然有效的大政方针，振兴国家，那就是过错，应当罢官；而不是像职能部门的小官之类，必须有贪赃枉法的明显罪状才算有过错。意思是宰相无所作为本身就是大错，应当罢官。

接下来，包公公开指出了宋庠的过错是：

自从执掌朝政，前后七年，并无明显的建功立业之举措来报效朝廷，而只知道背后上下通融来保持自己的官位，自己窃取高位，白吃干饭，还洋洋自得，可见是多么固位无耻啊！

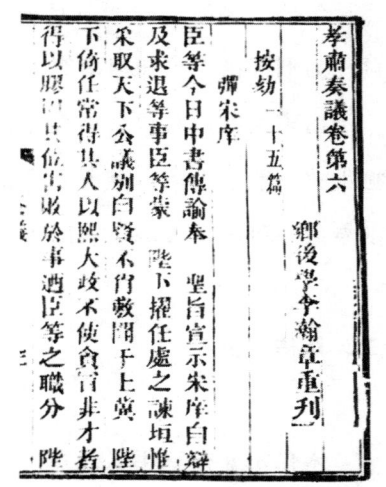

《孝肃包公奏议集》书影一叶

包公弹劾宋庠的奏章呈上朝廷之后，宋庠的表现挺有意思。宋庠说自己不才，本来早就想让位给贤者了。这次谏官论奏，与我本人的意思暗合，太好了，但要说明的是，我并没有明显的过失。现在我请求辞职，请陛下批准。

表面上看来宋庠很能接受批评，而且态度、表现都很好。实际上不然，皇帝对他要求解除宰相职务的请求尚未决断，即还未批示可否，宋庠竟又去中书省政事堂上班了。

包公马上二次上章弹劾，说宋庠请求辞官时还说与我们的意见暗合，这不是明明在撒谎吗？现在朝廷准其辞职与否尚未定论，他就迫不及待地又上班了，可见"固位无耻之甚也"。宋庠还说他并无过错，我们是给朝廷留体面，才未揭露其细过。难道他真的没有细过吗？实际上，宋庠与宋仁宗启用大贪官王逵任淮南转运使才是包公弹劾宋庠的重要原因之一，只是牵涉皇帝，不便明言罢了。宋仁宗见包公、吴奎、陈旭等谏官对宋庠意见极大，只好准宋庠罢相，调任为刑部尚书出知河南府（洛阳），仍为二品大员。

南宋人叶适对包公弹劾宋庠给予了很高的评价。他说包公"不摭细故，能近大体，有古人论谏之风"。包公简直成了弹劾贪官污吏的专家，可与古人廉政大臣比美。人称"包弹"，名不虚传。

二、嘉祐四真

宋仁宗嘉祐三年（公元1058年）六月，包公六十岁，升任右谏议大夫、权御史中丞（四品官），相当于现在的最高检察院检察长。这也是包公在任监察官时期的最高职务。由于包公当监察官铁面无私、大公无私、刚直不阿、除暴安良，极受朝野敬重。当时，社会上流传一个民谣，叫"嘉祐四真"。嘉祐是宋仁宗的年号，四真就是

包孝肅公拯
面目稜稜
剛氣烈烈
勢力苞苴
莫我敢忿
嚴我者政
苛刻匪心
非漢法吏
乃古直臣

歐陽文忠公修
勋業聞望
韓范並馳
古文奧學
匹休昌黎
後三代醇
黜五季陋
一代宗工
就居其右

包公

欧阳修

胡直講翼之
經術名家
旁通樂律
蘇湖之教
造士有術
束以條格
率以躬行
百世一時
尚懷典刑

富鄭公弼
志節皎皎
忠勤勉勉
國有憲章
俗遁弗渝
獎善若培
去惡如薅
大臣之事
君子之守

胡瑗

富弼

韩国国家图书馆藏"嘉祐四真"像

有四个德才兼备、才勘其任而最为朝野拥戴的人物，人称四人"皆极天下之望"。"嘉祐四真"是：

富公真宰相，欧阳永叔真翰林学士，包老真中丞，胡公真先生。
——《容斋随笔》卷四《嘉祐四真》

富公即富弼，新任宰相，世称名相。欧阳永叔即欧阳修，他字永叔。包老即包公，四人中年龄最长。胡公即胡瑗，世称安定先生，教学有方，视诸生如子弟，威望很高，时任天章阁侍讲，仍主持太学教务，相当于太学的校长。

"嘉祐四真"是当时社会上公认的四个最称职的官员。包公是朝廷最高监察官，也是极孚人望的监察官。人称"真监察官"，他当之无愧。

三、为庆历新政官员平反

包公当监察官，弹劾贪官污吏是除暴，而保护清官廉吏是安良。廉吏也就是良吏。这就是包公文化中最受百姓称赞的"除暴安良"。

包公经历过范仲淹推行的"庆历新政"，虽然当时刚进京不久，没有积极参与，但是对"先天下之忧而忧，后天下之乐而乐"的范仲淹极为仰慕。特别是对新政中惩治贪官污吏的条款非常赞成。包公弹劾贪官时常常引用范仲淹的一句话："一家哭何如一路哭"。就是说，弹劾掉一个贪官只是他一家哭，而一路（省）百姓免受其害，

第六章 铁面无私的监察官(下)

范仲淹像

就不会哭了。而任用一个贪官,如王逵,他一家不哭了,甚至一家笑了,而一路(省)的百姓就要大受其害而大哭了,是一家哭好呢,还是一路哭好呢?

当时,由范仲淹选用的新政官员中江东转运使杨纮、判官王绰、提点刑狱王鼎等,都是卓越人才,打击贪官污吏最为坚决。他们的口号是:

不法之人不可贷。去之,止不利一家尔,岂可使郡邑千万家,俱受害邪?

——《宋史·杨亿传附杨纮》

意思是说,对贪赃枉法的官员不能手软,除掉他,只是对他一家不利,怎么能留着他使千家万户老百姓受害呢!吓得那些贪官污吏"望风解去",纷纷自动离职潜逃,以躲避惩处。守旧派官僚夏竦、王拱辰及其贪残不法之辈,将杨纮、王绰、王鼎视为眼中钉、肉中刺,污蔑为"江东三虎"。写黑信造谣说"范仲淹谋反"。宋仁宗见守旧派官僚拼命反对新政,退却了。范仲淹新政失败后,他们都被复起的腐朽官僚贬到了远恶州郡去了。

包公对范仲淹、杨纮等新政官员非常赞赏,对他们遭到贬谪也非常同情和不平。于是,包公便在七弹大贪官王逵中,为杨纮等人昭雪平反。公开声称他们是"非辜被遣",即无罪而遭到贬职,要求朝廷给他们复官大用。这充分体现了包公不畏权奸，敢于伸张正义而保护清官廉吏的大无畏精神。

包公弹劾掉大贪官王逵不久，便专门上奏章，要求皇帝给杨纮、王绰、王鼎平反昭雪，提拔重用。他这样写道：

顷岁以来，凡有才名之士，必遭险薄之辈假以他事中伤，殆乎屏弃，卒不得用，议者迄今痛惜之。欲望圣慈申命宰执，应臣僚素有才行，先以非辜被谴，如杨纮、王鼎、王绰等，虽曾叙用，未复职任者，并乞复与甄擢，或委之繁剧，必有成效。

——《包拯集·请录用杨纮等》

宋仁宗本来就知道杨纮等人冤枉，当时是迫于形势将他们贬谪的。这次看了包公奏章，当机立断，立即恢复了杨纮转运使和王鼎、王绰提点刑狱等职务。

保护清官廉吏是包公当监察官的一大功德，对国家和平民百姓极为有益，绝不亚于弹劾掉一个大贪官王逵。

四、为国家推荐贤才

为国家推荐贤才，多贡献几个德才兼备的清官廉吏，也是朝廷监察官义不容辞的责任。这与弹劾贪官污吏是一个问题的两个方面，是相辅相成的，都是为了纠察百官过失，肃正纲纪。但是保举人才是要担当风险的。如果你举荐的人将来出了问题，那么你这个举荐人要"连坐",即也要受其牵累而受到处分。

　　包公知人善任,推荐的人才也都是德才兼备的清官廉吏,主要有以下几位:

　　沈起,字兴宗,濮阳人,甲科进士出身,曾任滁州判官。他与包公一样,都是有名的大孝子,听说父亲有病,来不及打报告辞官,便将工作委托给同僚而归乡侍养老父去了。后来,父亲病故,他又守孝三年。丧满后,滁州要求朝廷给沈起复官。有个大臣指责沈起未经朝廷批准,擅离职守,需要处分。宋仁宗以"仁孝"治国,对孝子极为宽容,他对左右辅臣说:

　　观过知仁。今由父疾而治罪,何以厚风教而劝天下之为人子者。

　　——《宋史·沈起传》

　　意思是说,看沈起的过错就知道他仁孝,如果因为为父亲治病而处分他,将来还怎么提倡孝道教育孩子呢?仁宗立即任命沈起为海门县令。海门县(今江苏启东县东北)临海,每年海潮常"冒民田舍",即淹毁百姓田地房屋,弃家逃亡者很多。沈起组织吏民修筑一个百里长堤,挡住了海潮。又引江水灌田,荒地变良田。逃亡人家相率归乡,安居乐业。百姓为了报答沈起的恩典,给他建立一座生祠,就是祠堂,香火敬奉。百姓给活着的恩人建立祠堂,叫生祠。一个父母官,能让百姓这样爱戴,他真做到位了。沈起与包公二人做父母官也好,弃官尽孝也好,多有相似之处。因此,包公一听到沈起的事迹,便竭力向仁宗皇帝推荐,将沈起调任为御史台的监察御史，成为他的得力助手。沈起一步登天，后又升任大省的省长（转运使），官声极好。

张田，字公载，澶渊（今濮阳）人，进士出身，经欧阳修推荐，曾任国防重地河北广信军（今河北霸县境）通判，又任信安军通判，他对河北边防非常熟悉，曾著《边说》七篇，包公抄呈仁宗御览。仁宗阅后，下诏对张田大加表彰。后来，文学家苏轼读了张田的书，称张田有古代廉吏之风。史称张田"临政以清"。后包公由御史中丞升任三司使，立即调张田任三司度支判官，成为自己的得力助手。

张田自称是包公门生。包公去世后三年，即宋英宗治平二年（公元1056年），张田出知庐州，成为包公家乡的父母官。他为了报答包公的知遇之恩，整理并编辑出版了《孝肃包公奏议集》一书，后改名《包拯集》。张田还写了长长的一篇题辞，对于研究包公历史事迹以及包公文化的发展做出了重要贡献。

包公还推荐过范祥、张环、孙甫、卢士安等清官廉吏。其中，需要简单介绍一下卢士安。

宋仁宗至和二年（公元1055年），包公正在庐州府任上，突然受到降职小郡池州的处分。原来是八年前保举的人才卢士安因故被革职了，牵累了举荐人包公。卢士安原为柳州军事判官，后调往陕西边防任军职。他发现边防城堡年久失修，破败不堪，便进行修筑加固，以防患于未然。这本是职责范围之内的事情，而且属于防御并非进攻。竟然有人告发他修缮城堡容易惹起边境争端，朝廷不明就里，就将其革职了，这实际是个冤案。包公知道后并不在意，因为保举人失误，应当"连坐",连坐就连坐吧,就毅然去池州上任了。

总之,包公当监察官,弹劾贪官污吏,肃正纲纪也好;保护清官廉吏,为国荐贤也好,都是光明磊落,忠君爱民,铁面无私,刚直不阿。他最后获得"包弹"的雅号,特别是被朝野称为"包老真中丞",即荣获真监察官的美誉,有"古大臣论谏之风",足以流芳百世,传颂千秋了。

包公断案如神,号为明察。他究竟如何智慧断案呢?

第七章 包公断案

包公当朝廷监察官，反贪倡廉，打击贪官污吏，保护清官廉吏，为国家推荐贤才，威名远扬。而包公断案，也就是当"大法官"，更为精彩。断案是地方父母官的主要职责，所以父母官都要兼任"大法官"。

说到包公断案，我们马上会想到包公戏，想到《龙图公案》等评书演义，那位黑脸大清官包公审断疑难案件达一百余种，他断案如神，惩恶扬善，大快人心。

那么，历史上的包公究竟审理过多少案件？他的智慧和断案能力又如何呢？

我们说，包公居官十分清正廉明，也审理过一些著名案件，但是并不多，根据宋代有关史书的记载，包公审理大小公案总共不过十余件。然而，包公聪明智慧，公平正义，断案如神，有案必破，件件精彩，这倒是千真万确，名不虚传。

一、引蛇出洞——巧破"牛舌案"

包公断案如神是从一个小案件名扬天下的。宋仁宗景祐四年（公元1037年），包公39岁。他在家尽孝十年后进京复官，被任命为扬州天长县令（今安徽天长市），刚上任不久，就碰上一件"无头案"。事情是这样的：

一天，有一位农家老汉哭丧着脸跑到县衙告状，诉说坏人割掉了他家的牛舌头，请求县太爷做主，要求捉拿凶手，赔偿损失。

包公一听，此案虽小，却只有苦主，而没有犯人，是一件"无头案"，并不容易破解。但是，一头耕牛，半个家业，对农家小户来说，也是天大的祸事，自己作为父母官，岂能不管？

包公真是天生的大法官，绝顶聪明。他略加分析，便已心知肚明，认定此案不是图财害命，因为割掉牛舌并不能得利。那是为什么呢？对，

巧破牛舌案

是挟嫌报复，肯定是挟嫌报复，罪犯你不是要报复吗？我再给你个机会！于是包公决定将计就计，引蛇出洞。他对老汉说："牛舌被割，必死无疑，你回去杀牛卖肉，换几个钱吧"。老汉一听大惊，忙

说:"小民不敢,私杀耕牛是犯法的"。包公说:"你就照我说的办,但不要声张,此案很快就破"。老汉疑疑惑惑地回去照办了。

果然不出包公所料,第二天就有人风风火火地到县衙首告,诉说昨天那位老汉私杀耕牛,要求法办。

而令罪犯万万想不到的是,包公来了个先声夺人,他将惊堂木一拍,怒声喝道:"大胆歹徒,你割掉人家的牛舌头,又来告人家的刁状,是何居心?还不从实招来"!

那人一听大惊,以为自己做的坏事败露,更怕受刑,立即磕头认罪,交代了挟嫌报复割人牛舌的罪行。

这是包公当官后,第一次断案,非常成功,真是一鸣惊人。此事不胫而走,立马传扬开去,人人都知道天长县来了个包青天,断案如神。后来,京师开封和朝廷也知道了此事。

包公断案,可谓"一炮走红"。关于这件牛舌案,宋代有关包公的所有史书都有记载。包括宋代听讼断狱的著名法学著作《折狱龟鉴》和《棠阴比事》,也都选入了此案,称赞包公善用"钩慝之术",将无头案"诈"出来。

二、科学取证——智断"冷清案"

宋仁宗皇祐二年(公元 1050 年),包公 52 岁,升任天章阁待制、知谏院。民间称包公为包待制,即缘此而来。他还未及上任,京师开封就出了个轰动朝野的奇案。

有个名叫冷清的青年，自称是皇子，说得有鼻子有眼，到处张扬，一时街谈巷议，闹得满城风雨。开封府尹钱明逸下令，以妖言惑众罪将冷清抓到开封府。谁知冷清并不害怕，见钱明逸坐在厅堂之上，猛然指名大喝道："明逸安得不起"，俨然是一位皇子的口气。谁知这位知府一愣，竟莫名其妙地站了起来，大失身份。

钱明逸当堂审问，冷清侃侃而谈。说他母亲是皇帝放出来的宫女，曾得天子宠幸而怀孕，出宫后生了他，而且有御赐的龙凤绣抱肚（即小孩裹肚）为凭。声称他是真正的皇子，反而责怪开封府对他无礼。宋仁宗也是稀里糊涂，对此说不出个所以然来。因为仁宗当了二十八年皇帝，现已四十余岁仍无皇子，实在堪忧。他想皇子都快想疯了。冷清若真是皇子，岂不是喜从天降？可惜他说不准。宋仁宗欲得皇子，选了十位绝佳美女，宫中称为"十阁"。他每临幸一次，就赐给龙凤绣抱肚一个，希望早生皇子，宫中都暗笑皇帝是个"皇子迷"。可是，仁宗一连生了十三个女儿，就是没有一个儿子。仁宗每年遣散宫女，让其还民家嫁人，但这些宫女出宫后生的孩子，究竟是不是皇子，他怎么说得清楚？从仁宗对冷清的暧昧态度来看，"皇子迷"倒是名不虚传。

钱明逸对冷清案审不出个所以然来，而冷清居然发起疯来，以"皇太子"自居，言语癫狂。钱明逸不便上奏冷清的疯话，就定个精神失常罪，遣送汝州（今河南临汝）编管了事，即管制起来。这件事说明开封府尹钱明逸的无能和滑头。

开封府对冷清案这种"不了了之"的处理办法，引起朝野议论

包公判斩假皇亲

纷纷,都说处理不当。翰林学士赵槩说:"冷清若真是皇子,根本就不能编管;若有诈,则应当处斩"。

宋仁宗也很无奈,他突然想起善于断案、公正无私的包拯来,又知道赵槩忠厚老实,便立即下旨命包公与赵槩重新审理此案。包公与赵槩都是天圣五年的甲科进士,互称"同年",自然合作愉快。

包公与赵槩这两位大法官奉旨断案。他们既不管社会舆论如何,也不看仁宗的脸色,排除干扰,决心实地调查,明察暗访,科学取证,秉公而断,不久便弄了个水落石出,还挖出个教唆犯高继安来。

原来,冷清之母王氏,确实是仁宗遣散的宫女,龙凤绣抱肚也是真的。王氏出宫后嫁给了东京一家药铺的老板冷绪为妻,冷清也确实是她亲生,但是在生冷清之前,王氏还生过一个女儿,是冷清的姐姐。现在,姐姐不说自己是皇女,而弟弟冷清又怎么会是皇子呢?冷清是假皇子,不言自明。冷清在事实面前,也不得不低头认罪。

原来冷清不务正业，曾到处流窜，在长沙卖假药，自称"皇子"，他遇上了禁军开除的兵痞高继安，高继安是个用法术骗人的妖道，号称全大道，整天装神弄鬼。他发现冷清是个活宝，万一被仁宗认为"皇子"，自己也可一步登天。于是，便教唆冷清，二人回到京师开封行骗。后来见开封府追查，怕事情败露，就唆使冷清装疯卖傻，骗过了开封府尹钱明逸，却栽到了包公手里，他和冷清双双落入法网。

包公将此案结果奏明皇帝后，仁宗仍疑疑惑惑，久拖不决。包公担心事情反复，立即二次上疏，奏明皇上：

冷清、高继安，狂伪之状，灼然明白，绝无可疑。……速令诛夷，免奸邪之辈别起衅端，浸成大患。

——《包拯集·论妖人冷清等事二》

宋仁宗终于明白过来，坚信包公无误，立即下令处死了冷清和高继安。但史书另有一说，只处死了冷清，将高继安流放到郴州（今湖南郴州市）编管，罚做苦役，"负土筑城"。当时六月盛暑，高继安热累难当，坐下吟诗四句："今朝六月六，老全受罪足；若不登天堂，定是入地狱"，然后，坐地而死。他因招摇撞骗落了个可耻下场。

三、兵不厌诈——速破"匿金案"

宋仁宗嘉祐元年（公元 1056 年）十二月，包公 58 岁，以龙图阁直学士、右司郎中、权知开封府。他成为大宋首都开封的最高行政长官。包公改革诉讼制度、敞开府衙正门，允许百姓直接走向大堂告状，并亲自接纳状纸和倾听苦主自陈冤屈。有案必破，不通关节，公正廉明，惩恶扬善，吏民畏服。当时的大科学家沈括称赞包公断案"号为明察"，从不冤枉一个好人，也不放过一个坏人，百姓敬呼为"包龙图"、"包青天"。

包公审理匿金案

这时，包公断案已是炉火纯青，如有神助，破案又快又准。其中，有一桩"匿金案"，最为著名。

一次，有一对好朋友一起饮酒，两人酒量不同。酒量大的人是个酒迷瞪，凡饮酒总是要酩酊大醉。他身上带了几两金子，恐怕喝醉酒后不慎遗失，便交给不大能饮酒的朋友代为保管。后来，能者过量，果然大醉而归。然而，待他酒醒之后去讨还金子时，那位酒友却矢口否认此事，不承认替他保管过金子。二人翻脸，争吵起来，一起到开封府打官司。他们一无字据，二无人证，谁是谁非，极难决断。但是，到了包公面前，只是小菜一碟，此案立马可破。

包公先叫他俩下堂冷静一下，然后再实话实说。而包公自己仔细分析案情：二人原本是酒友，相好多年，原告不大可能凭空诬赖朋友代为保管金子。而被告倒有可能一时见财起意，以为没有凭证而昧下金子，若真如此，家中妻子也必然知晓。

包公非常果断，马上密派公差直接到被告家里取金。公差持文牒到被告家中，向其妻子说明他男人已经承认代为朋友收藏金子在家里，要求官府取回物归原主。其妻子问自己男人为何不来，公差说金子一到，马上放人。被告妻子误以为丈夫已经招认，无法抵赖，只好取出金子交给公差。

包公升堂，公差将金子往公堂上一放，被告惊得目瞪口呆，立即低头认罪。

包公断案这样神奇，他真是天上的文曲星下凡吗？当然不是。外国人称包公是"东方的福尔摩斯"，似乎也很牵强。那包公为什么这么善于断案呢？主要有以下几个原因：

一是包公爱国爱民，有一颗公平正义、惩恶扬善、处处为百姓着想的爱民之心。因此，无论案件大小，都一心一意认真办理，决不忽悠百姓。如牛舌案，就是一个昏官不屑一顾的典型案例，而包公却一丝不苟，认认真真去破案。

二是包公清正廉明、大公无私。他不贪赃、不受贿，刚直不阿，不看任何人包括皇帝的脸色行事，忠心报国，诚心爱民，执法如山。如智断冷清案，他毫不在意皇帝想法如何，只重证据，秉公而断，为国家铲除了大患，巩固了国本，功莫大焉。

三是聪明智慧，谋略过人。北宋仁宗时期，刑事侦查科学技术尚不发达，不仅没有电脑、手机，连个普通电话都没有，更没有测谎仪。而罪犯作案又往往十分隐蔽，善于断案的司法人员都比较注重运用谋略。包公便是其中杰出的代表。他足智多谋，运用谋略，善断疑难案件，不愧为百姓称颂的"包青天"。

包公不仅是一位清官，善于断案，而且还是一位杰出的外交官。那么他是怎么当好外交官呢？

第八章

出色的外交官

包公当大法官，断案如神，名扬天下。其实，包公德才兼备，绝顶聪明，谋略过人，他无论担任什么官职，表现的都非常出色，非常优秀。这里讲包公当外交官。

乍一听，大家可能感到很新鲜，因为看包公戏也好，听讲龙图公案评书也好，从来没听说包公当过外交官。实际上，历史上的包公的的确确当过外交官，而且还是一位非常出色的外交官，曾受到"中外人士"的普遍赞赏，他对维护宋辽之间的和平安定局面，做出了不可磨灭的重要贡献。

一、当时的宋辽关系

我国幅员辽阔，是一个多民族国家。在历史上，几个民族政权并存的局面经常发生。他们时战时和，其间的相互交往，在当时就成了所谓"外交关系"。

宋仁宗时期，我国除了以汉族为主的大宋中央政权外，还有东北地区契丹族建立的辽国和西北地区党项族建立的夏国，简称北辽西夏。这两个少数民族政权经常侵犯宋境，掠夺财物和人口，而宋朝从宋太宗起就制定了一个"守内虚外"的国策，认为国家内乱是心腹大患，不可掉以轻心；边患只是肢体之疾，无伤

辽国中京大定府大明塔

大体。因此，采取了一个"用银绢买平安"的政策。特别是宋真宗于景德二年（公元1005年）在澶渊（今濮阳）打败契丹进攻后，反而签订了一个名为"澶渊之盟"的和约，大宋每年赠给契丹银十万两，绢二十万匹。大宋皇帝宋真宗与辽国皇帝辽兴宗互称兄弟，尊称辽国萧太后为叔母。两国约为兄弟之国，以南（宋）北（契丹）朝相称。还约定，宋辽两国每年正旦（春节）、皇太后与皇帝生日，都要互派使节祝贺，睦邻友好，永息干戈。这项盟约为宋朝换来了

整整四十年的和平局面。双方大战没有,摩擦不断。然而,仁宗朝契丹又蠢蠢欲动,意欲南侵,宋仁宗又给辽国每年增加了"岁赐银十万两,绢十万匹",两国边境这才算安定下来。这就是包公当外交官出使契丹的政治背景和国防形势。

二、包公出使契丹

包公在对待宋辽关系上,一直反对纳币妥协,主张备战,防患于未然。可是不知出于何种考虑,宋仁宗于庆历五年(公元1045年)八月十一日,任命监察御史包拯为贺契丹正旦(春节)使、阁门通事舍人郭琮为副使。这种礼节性的节日祝贺,一般没有重大外交任务,属于轻松愉快的美差。但鉴于两国形势仍有些紧张,包公十分慎重,为出使做了充分的准备,以对付契丹可能的刁难和挑衅,他要维护大宋的尊严,做外交官的表率。后来事实证明,正是这次出使契丹,使包公的爱国思想放射出了灿烂夺目的光辉,显示了他高超的外交才能,成就了一个出色外交官的美好形象。

契丹听说大宋派遣来的贺契丹正旦使是包公,感到十分震惊。因为往年的贺正旦使多是柔弱的文臣,比较怯懦,百依百顺,很好对付。而包公,还有郭琮,都是宋朝著名的清官廉吏。特别是包公弹劾王逵、弹劾宰相,指责执政大臣甚至皇帝,刚直不阿,人送绰号"包弹",还有就是包公在对付宋辽关系上是个主战派。契丹对包公的这些情况比较了解,还有几分敬畏。因此,契丹在接待包公一

出使契丹

契丹人画像

行上，也做了充分准备，打算给他点颜色看看，煞煞他的锐气，以张契丹国威。

庆历五年（公元 1045 年）十二月中旬，贺契丹正旦使包公一行出发了。他们必须在年底前赶到契丹中京。当他们从雄州（今河北雄县）出境进入契丹时，契丹国的接伴使臣（也称馆伴使臣）早已迎候在此，于是一路向北进发。

包公一行最突出的感觉是，在宋朝边境一派和平景象，而一入契丹国界，气氛截然不同，只见军营林立，人喊马嘶，杀声震天，一派临战状态。尽管契丹接伴使臣说这是正常军演，包公也知道是对方有故意示威的成分，但契丹有随时南侵的企图暴露无遗。包公是何等人物？那是天不怕地不怕的孤胆英雄，会在乎这些把戏？包公镇定自若，毫无惧色，竟如临战的指挥官一样，一路昂首阔步前进，令契丹接伴使臣惊叹不已。

契丹见一计不成，又来一计。包公到契丹中京后，他们故意将包公一行安排在神水馆下榻，准备耍弄一番。

神水馆是个古老建筑，像个荒凉的庙院，而且坐落在偏僻的城边角落处。据说，里边经常"闹鬼"，从前曾几次吓跑过宋朝胆小的使臣，后来就不在此接待客人了。契丹馆伴使臣将神水馆闹鬼的可怕情形，故意添油加醋地透露给包公一行。还说，不久前有三只马驹进入馆内，突然倒毙，腿都摔断了，好像被邪气击中一样，吓得客人急忙逃命。近时，再也无人敢住在这里。契丹馆伴使臣还以关切的口吻，反复叮咛包公，晚上千万当心。但包公是何等聪明之人，早已看透了契丹的鬼把戏，只是对契丹馆伴使臣的"关照"报以微笑，拱手谢过他们的好意。

晚上，包公告诫随从人员："虽有怪勿得言。"就是说，不管有什么异常情况，都不要惊慌，只管安心睡觉，自然无事。

果然不出包公所料。当天夜里，契丹人几次装神弄鬼，在房顶或窗口，扮鬼大叫。一番又一番地鬼哭狼嚎，折腾了好大一阵。但是，他们见包公一行毫不理睬，只管安睡，也就作罢。

第二天早晨，契丹馆伴使臣来探望，询问当夜安否？包公直截了当地说，我们休息得很好。只是在你们契丹国的京城重地，居然也不安宁。夜里竟有盗贼出没，几次光顾，好在并未丢失东西，还算万幸。看来，你们的治安还得加强啊！契丹馆伴使臣一时语塞，面红耳赤，只好连声称是。

关于包公在契丹神水馆的事迹，吴奎撰写的《包公墓志铭》记载颇详，此不多述。

契丹见诡计不灵，包公胆识过人，大义凛然，知道他非等闲之辈，深感敬佩。于是，马上将包公一行安排到国宾馆，隆重接待。包公当外交官，有胆有识，名不虚传。

庆历六年（公元1064年）正月初一（即新年正旦），包公一行向契丹国主和萧太后祝贺新春快乐，并献上大宋的新年贺礼，与契丹君臣共庆佳节。契丹也向大宋皇帝回赠了礼品，同时照例向贺正旦使包公一行送了谢礼。但是包公一行打破惯例，只接受回赠皇帝的国礼，代表团谢绝任何馈赠，这使得契丹君臣对包公更加敬重。

包公完成出使任务后，决定正月初五返回宋朝。他在正月初四晚上举行了一个答谢宴会，邀请契丹正旦馆伴使臣和国主生辰馆伴使臣赴宴。并邀请尚在契丹的大宋贺契丹国主生辰使张尧臣、副使张希一陪同，共十人聚饮，表示

契丹贺正史至宋东京朝聘图

友好。不料，刚用过茶，契丹主生辰馆伴副使张宥突然煞有介事地对包公说："请约退左右，有事要说"。左右人员回避后，张宥说：

（大宋）雄州新开东南便门，多纳燕京左右奸细等人，询问北朝（契丹）事宜，随事大小，各与钱物，此事甚不稳便，请说与雄州。
——《包拯集·奉使契丹辩雄州便门事状》

这又是故意找麻烦，包公与张尧臣出于礼节，只是说待向雄州询问后再回答。第二天，包公一行与张宥到了雄州。包公咨询后回答张宥说：

"雄州近日不曾开门"，并说："此事的不足凭。设使雄州诱纳奸细，自有正门出入，何必创开一门？若只是郡中创开门出入，此亦州郡常事，何关两朝之事？若或北朝（契丹）燕京及涿州等处开门，本朝岂可言议？兼本朝每戒沿边，不令生事。只如北边（契丹）臣僚，近年侵入南界（宋境），创立城寨，必是北朝（契丹）不知，知之必不允许。（两国）若欲欢好无穷，莫若遵守盟约，各保疆界"。
——《包拯集·奉使契丹辩雄州便门事状》

包公这一席话，说得通俗易懂，明明白白，不用解释。它义正辞严，是一篇有理有据有节、绝妙无比的外交演说，充分显示了包公卓越的外交才能，令契丹馆伴使臣张宥佩服得五体投地，无言以对。他只是一味地点头说"但言极是，但言极是"，脸有愧色。包公的人格魅力，完全征服了这位本来并不十分友好的契丹馆伴使臣。

三、包公出使契丹的收获

包公作为大宋外交官，机智勇敢地排除了契丹多次的刁难和挑衅，维护了本朝的尊严和利益，出色地完成了任务。这次出使契丹，包公收获颇为丰厚，回到开封后向朝廷提出了许多安边御寇的积极建议，为保家卫国做出了重大贡献。

包公的建议主要有以下几点：

一、加强战备，防患于未然。契丹有随时侵宋的企图，一纸盟约已经靠不住，必须加强战备，防患于未然。万万不可掉以轻心，疏忽大意。《兵法》云："无恃其不来，恃吾有以待之也；无恃其不攻，恃吾之不可攻也"。包公的建议深合兵法大义。

二、精练士卒，积蓄粮草。现在边备废弛，现状堪忧。边防将士多为老弱残兵，骄横懒惰，兵器陈旧，训练有名无实，倘若敌人突袭，必然败事。"闻者可为寒心，且河北者，国家根本之地，存亡所系"。所以朝廷要精练士卒，积蓄粮草，积极准备抗辽卫国。

三、精选良将，罢斥庸才。"将帅尤在得人"，关隘之处，如河北"三关"、山西云州至并、代州等地，尤难控扼，必选勇猛干练且熟悉边事的大将方可，以免误事。从前以名将杨业守代州，足见朝廷高度重视。

"臣闻将者，人之司命，而邦国安危所系，择之不可不慎。""用人之道,不必分文武之异,限高卑之差,在其人如何耳。"

——《包拯集·天章阁对策》

包公反复呼吁朝廷,必须加强边备,不拘一格精选良将,罢斥庸才,巩固国防,以保国泰民安,终于引起朝廷高度重视,为国家几十年的平安无事做出了积极贡献。

除此之外,包公还是个杰出的理财家,那么他是如何当好朝廷的理财官呢?

第九章 杰出的理财官

包公当外交官，维护了大宋尊严，令契丹畏服，成就了一个美好的外交官形象，为宋辽和平相处做出了贡献。而包公对国家和黎民百姓还有一项重大贡献，却鲜为人知，这就是"理财"。包公上承范仲淹庆历新政、下启王安石熙宁变法，是宋代著名的政治经济改革家，同时也是一位杰出的理财官。这里，我们就讲包公如何理财。

包公前后六次担任理财官，即三司户部判官、三司户部副使、三司使，还担任过京东路、陕西路、河北路转运使（相当于省长，主要是管理赋税理财，且兼行政按察权）。包公担任这些中高级理财官，前后共六年时间，他尽心竭力，一心为国为民，做出了许多利国利民的重大贡献。

一、以为民本，宽民利国

那么，包公究竟怎么理财呢？

包公一生特立独行，理财也与众不同。包公理财的指导思想是八个字："以民为本，宽民利国"，与大贪官王逵拼命搜刮民财，截然相反。

包公认为，原荆湖南路转运使、大贪官王逵，加几倍征收赋税，刻意盘剥百姓，尽管为朝廷多征收了三十万贯所谓"羡余"，但是那不叫理财，那叫恶意敛财，就是违法聚敛钱财。与

清代《龙图公案》中的包公形象

此同时，王逵也就为朝廷敛怨，即聚敛了怨恨。结果将会官逼民反，天下大乱，后果不堪设想。俗语云："民穷财尽"，百姓自己无法生活，国家财源断绝，怎么能富强起来？古人云："民富国强"，只有百姓安居乐业，生活富裕，国家财源茂盛，自然就富强起来。

包公在给皇帝的奏章中，多次明确指出：

民者，国之本也，财用所出，安危所系，当务安之为急。

——《包拯集·清罢天下科率》

安之之道，惟在不横赋，不暴役。若诛求不已，则大本安所固哉？国家富有天下，当以恤民为本。

——《包拯集·请出内库钱帛往逐路籴粮草》

包公认为，只有宽民，才能利国，只有民富才能国强。他还引用战国时期齐国名相管仲的话，"凡治国之道，必先富民"，来劝谏皇帝，指出"宽养黎庶，固其国本"，"人获富寿，国享安宁"的治国道理，包公还指出了具体的实施方案，即：

薄赋敛，宽力役，救荒馑，三者不失，然后幼有所养，老有所终。

——《包拯集·论历代并本朝户口》

包拯理财坚持"以民为本，宽民利国"的指导思想。方针已定，他不顾守旧派大臣和贪官的反对，按照既定目标，从三个方面入手大干。

二、轻徭薄赋，救灾救民

在这方面，包公做了三件大事：

1. "除放欠负"

所谓"欠负"就是百姓遇到灾荒年或家庭出了变故等，即天灾人祸，交不起赋税钱粮，一年拖一年，一年重一年，以致无力偿还朝廷，如牛负重。若是官府逼迫，就逃亡他乡。包公仅在庆历八年一年就"除放"即免除百姓各类欠负一千二百万贯,仅高阳关路十一个州郡,就免除十余万贯。百姓欠负一笔勾销,永远不许地方官员再去追讨。民心大快,逃亡人家马上回来,安居乐业,发展生产,休养生息。

2. 开义仓赈济灾民

荆湖路以至江淮两浙等省份,连年大旱,灾情严重,民不聊生。"老弱死于沟壑,青壮聚为盗贼",形势颇为严峻,包公以朝廷名义通知各州府县开义仓赈济灾民。仅此一项,各路就有成千上万饥民被救活。"义仓"就是政府在好年景收购粮食储存起来,预备灾荒年份救济灾民所用的粮仓。但地方官把持,平时灾民往往得不到救济。包公此举救苦救难,活民数万,深得民心,稳定了社会大局,为国为民立了大功。

3. 取消"折变支移"

所谓"折变",就是百姓交税时,夏季不交大小麦,秋季不交秋粮,而是折变成银、绢或其他的物品上交国家。而折变时官府往往将粮价压低,榨取民财。比如,本应交纳麦一斗,大小麦实价五十文一斗,折变成现钱就变成交夏税现钱一百文,外加脚力费二十文,再加仓头子钱,即润官费二十文,共计交纳一百四十文,等于加重二倍盘剥百姓。再如,一斤土盐仅六十文,折变来折变去,竟折变成三百五十文交纳。这是一种苛政,正如孔子所说:"苛政猛于虎也"。包公下令免除"折变",只"交纳本色"。就是生产什么交纳什么。如,大小麦、黄豆、高粱等。大大减轻了百姓的负担,成千上万民众自然欢呼称颂他为"包青天"。

所谓"支移",就是将夏、秋税,异地交纳。比如,陈州百姓将税粮交到陕西边防,路上若有损失,还得赔偿,既耽误农时,又劳民伤财,往往弄得百姓家破人亡。

实际上,所谓"折变支移",是朝廷的一种盘剥和劳役,搞得百姓苦不堪言。地方官有时还借此敲诈勒索。包公将此项苛政免除,解放了劳动力,百姓无不拍手称快,积极生产,积极交税,结果是利国利民,即"公私两利"。

三、兴利除弊,经济改革

包公是经济改革家,他改革了什么呢?

1. 支持范祥将"榷盐法"改革为"通商盐法"。

在宋代,盐、铁、茶等都属于国家专卖商品,私人不得随意倒卖。时间久了,弊端很多。如盐,陕西解州(今山西运城)产盐,称为"解盐",年产七八万斤。国家设场出售,由士兵和百姓作为一种差役负责搬运。每年服役士兵和百姓及牛、驴,死伤在运输路上者不计其数,惨不忍睹。

陕西提点刑狱兼解盐事范祥是个清官廉吏,用百姓的话说是个好官。他革除弊政,改行"通商法",也叫"钞盐法"。即允许商人在边郡出现钱四贯八百文,到解州盐场凭券领盐二百斤后自行销售,这项收入直接归边防州郡军政使用,减去朝廷不少财政拨款和运输费用。

这个"通商盐法",免去了兵民劳役之苦,缓解了边防储备之急,商人又有利可图,活跃了食盐流通,只是眼前朝廷税收略有减少,不过通商时间长了,税收就会大大增加。一举数得,真是公私两利之良策。但这样一来,贪官奸商就难于做手脚中饱私囊,这些人心中不满,便公开反对。

沈括像

究竟怎么办?宋仁宗也拿不定主意。他知道包公曾任陕西路转运使,熟悉情况,就钦派户部副使包公赴陕西相度盐法,解决问题。

包公至陕西明察暗访,立即决定支持范祥盐法改革。他上疏仁宗揭露旧"榷盐法"之弊:

缘臣前任本路转运使,备知前来盐法……差役兵士、车牛及逐州衙前等,搬运盐席往诸州,官自置场出卖,以致士兵逃亡死损,公人破业荡家,比比皆是,所不忍闻。

同时,包公接着还赞扬范祥通商盐法,说:

"于国有利,于民无害,理甚灼然","是先有小损而终有大利也"。

——《包拯集·言陕西盐法一至二》

包公在奏章最后，恳请皇上"依范祥新法施行"，终于获得仁宗批准。施行多年，至宋神宗时期，当时的科学泰斗沈括还在《梦溪笔谈》中赞扬通商盐法"行之数十年，至今以为利"。通商盐法公私两利，起到了活跃商品经济的积极作用，具有明显的进步意义。

2. 改"科率"为"和市"。

宋代官府需用的物品，多由州郡产地供给，实际上是硬性摊派，由政府购买，但价格比市场价格低许多，称为"科率"，也叫科买、科配等。有些贪官猾吏缘以为奸，竞相苛刻，成为百姓的沉重负担。

包公上奏朝廷，请罢天下科率，革除了这一弊端，改为"和市"政策。就是朝廷需用之物，可在产地置场按市场价格公平购买，商人、百姓可自由买卖，然后库存上供京师。这样以来，百姓减轻了负担，商人可以自由买卖，赚取差价，国家仓库充盈，商品经济十分繁荣，皆大欢喜，获得朝野好评。《皇宋十朝纲要》这样评价说：

> 拯在三司，凡诸管库供上物，旧皆科率外郡，积以困民，拯特置场和市，民得无扰。
>
> ——《皇宋十朝纲要》

包公通过这一系列的兴利除弊，使百姓减轻了负担，得到了救济，生产积极性大增，踊跃交税纳粮，直接促成了宋仁宗的"嘉祐盛世"，商品经济日益繁荣，经济文化获得迅猛发展。

事实证明，包公以民为本、宽民利国的经济思想是完全正确的。

四、开源节流,勤俭持国

北宋至仁宗时期,冗官、冗兵、冗费严重,史称"三冗"。冗官就是闲散官多,宋真宗朝,全国官员总共九千七百八十余员,才四十余年,至仁宗朝已一万七千三百余员,候选官员还不在内,已增加一倍了,人称"十羊九牧",即十个百姓,就有九个官员去管理,形容官太多太滥;冗兵就是兵多,且多为老弱,无战斗力;冗费就是繁杂费用多。国家财政出现赤字。面对财政困难的情况,包公采取了"开源节流,勤俭持国"的政策,行至两年,多有成效,缓和了财政的紧张局面。

1. 开源,即增加财税收入来源

①鼓励百姓开垦荒地,第一年的收获不纳粮,之后再酌情交纳。这样扩大了生产,公私两利,增加了财政收入。

②良田为牧马地者,让百姓租种,"民得其利"。全河北牧马地侵占良田达三分之一,邢、洺、赵三州就一万五千余顷,弄得民不聊生,逃亡他方。包公令河北数百万顷牧马地由百姓租种,国家每年可得"粟米(小米)八万七千五百余石,小麦三万一千二百余石,秆草五百五十五万六千余束,绢八百余匹"。"公私两利",既增加了国家财政收入,也解了百姓燃眉之急。

③训练民兵,以代边兵。乡兵民兵忙时种地,闲时训练,练兵费用可以其屯田收入进行补充。而且一个边兵每月费用顶乡兵一

年费用。这样可减少边兵，而以乡兵代之。乡兵民兵又称义勇兵，既生产又备战。国家增加了收入，同时也节省了开支，真是一举两得。

2. 节流，即采取"减冗杂而节用度"的政策

包公提出的口号是："省禁中奢侈之僭（jian），节上下浮柱之费"。就是说，从上到下，从下到上，都要采取措施，杜绝奢侈浪费，节约钱财，勤俭持国。

①土木之工不急者，悉罢之。停修上清宫。

②裁减老弱残兵，即"拣退老病，冗弱，以宽物力"。仅陕西路，包公就减去老弱病卒三万五千人，"皆欢呼返其家"，每年节约军费二百四十五万贯。

③坚决贯彻官员致仕制度，即退休。宋代时年七十退休，给半俸养老，就是发一半工资。国家盛典或年节有什么好事，也适当照顾致仕官员。但是，人总是贪心不足，七十以上仍不退休者比比皆是。包公在《论百官致仕》中，这样写道：

"臣僚年及七十的，并令台牒'讽其致仕'。"如三两天内还不自觉申请，就采取强制措施，"自朝廷降令致仕"。自己申请退休者，迁官加俸。如，副职按正级拿工资等。因为宋代官员俸禄丰厚，超过明代几十倍，这样就减少了政府许多财政开支。

④限制公款吃喝浪费之风。当时，官员已相当腐败，包公出使契丹时发现驿站浪费极大，于是严加限制。宋朝每年三次出使契丹，三次迎送契丹使臣，花费甚大。包公在《请止绝三番取索》

中说：

　　负责迎送的使者，往往三四天前就离京北上做准备，"广设酒宴"，大肆铺张。有官员携带家人或亲友，坐公家车马（专列）往返，住公家驿站，吃公家酒饭，还"呼索财物，诛求骚扰"，当地百姓不胜其害。包公严令"严行止绝"。这样每年又节约不少开支，又是"公私两利之举"。

　　臣昨奉勑差送伴契丹人使，伏覩三番诸司人依例于接伴使副进发前四五日离京，凡经过驿顿，并先次取索羊麪鸡鸭鱼兔之属，广设酒肴，以待两番使臣，所费物料不少，并专副自备供应。及至雄州，动经旬日，本州岛日供三番下一行使臣等，并散直殿侍长行使臣及手分亲事官酒食约七十余分。十日之内，纽计甚多。其余呼索之物仍不在数。况常年两次，国信使自有以来，体例过界，月日亦须候。接伴使副到雄州，方有过界之期，兼接伴使副到本处尚住三两日亦足，可祗应。臣欲乞特降指挥下国信所。今后三番使臣等，只得于接伴使副前发一日出行，其送伴即先两日分顿，仍只得于当顿排办。祗应如合依袭过驿顿即不得妄有取索，互以酒食，逓相管设及馈运并乞严行止絶兼候送人使过界，即令使副前一日回京庶，沿路州县驿顿易为供给，稍免搔挠官司。

　　　　　　——《请止绝三番取索》《包孝肃奏议集》卷五

　　⑤止绝内降。所谓内降指皇帝毫无原则，违反规定乱批条子，干涉财政收支或其他事情，或者滥用赏罚。这在宋代，时有发生，

特别是宋仁宗,心软手松,没有原则。他曾三次写条让开封府尹欧阳修对一个囚徒"免罪放人",都被欧阳修顶了过去。

据史载,宋仁宗的嫔妃崇尚奢华,常让太监在东华门外买东西,如香药(化妆品)等,银子不够用,就纠缠宋仁宗写手诏批些钱用,或者增加月俸(即每月薪水)。宋仁宗说,这不合财政规矩,恐怕"朝廷不肯行"。她们不信,说:"圣人出口为敕(圣旨),批出谁敢违"?仁宗笑曰:"汝不信,试降敕"。就写条给她们,本月每人增发多少两银子云云,至给俸之日(发工资时),各出御笔请增发工资,财政官员以违规为由,拒不执行,将条子当场退回。诸嫔妃随手将手诏当着皇帝面撕毁,说:"原来使不得!"仁宗笑笑而已,她们从此知道,皇帝也不能随便乱花钱。从此,宫内也以勤俭为荣,"禁用销金首饰"了。

由于包公理财有方,朝廷经济开始好转,社会稳定,商品繁荣,人民安居乐业,深受好评。当时朝野人士认为,包老应当升为执政官,但迟迟未升,人们就为他打抱不平。开封社会上就流传出一首民谣:

拨队为参政,成群作副枢。
亏他包省主,闷杀宋尚书。

包省主就是包公,因为三司也称为"计省",所以包公称为"计相"、"省主"。宋尚书就是宋祁,著名词人兼史学家,曾任工部尚书,即国家建设部长。因为写过一句"红杏枝头春意闹"的好词,人称"红杏尚书"。史载,"包、宋二人名著人望而不见大用",所以,社会上才流传出这样一首歌谣,为他俩抱屈。

不久,包公升任枢密副使(相当于副宰相),终于成为朝廷执政官。而宋祁升任翰林学士院最高长官翰林承旨,未来得及升副宰相就病故了,实在可惜。

现在的人们看包公戏《铡赵王》、《铡美案》、《铡国舅》等,在这些包公戏中,包公不畏权奸,总是与皇亲国戚斗。那么,历史上的包公与皇亲国戚的关系究竟如何呢?

第十章

包公与皇亲国戚（上）

人们观看包公戏，如《铡赵王》、《铡美案》、《铡国舅》、《打銮驾》等，好像包公总是与皇亲国戚作斗争，势不两立。其实，这些戏曲和评书大都是包公的演义故事，并不能当作历史事实。有些戏剧虽然不是空穴来风，但也仅仅是有点儿历史缘由或者张冠李戴。当然，有一点儿可以肯定，就是这些戏曲或评书所表现出来的包公精神，比如，刚直不阿、铁面无私、反贪倡廉、执法如山、惩恶扬善、除暴安良等等，的的确确都是符合历史真实的，丰富了包青天的光辉形象。

这里，我们就来给大家讲述历史上的包公与皇亲国戚做斗争的真实故事。

一、包公怒弹国丈张尧佐

张尧佐，字希元，河南巩县人，进士出身，是张贵妃的伯父，人称"国丈"。因为宋仁宗非常宠爱张贵妃,他爱屋及乌,不几年,就将张尧佐从县令快速提拔上来,由县令、知州,升任开封府尹,直到三司使(相当于国务院副总理兼财政部长)。张尧佐虽然是进士出身,但才能有限,不堪大任,这样像坐直升机一样,直线上升,就引起了满朝文武的议论和不满。

　　包公、陈旭、吴奎等朝廷监察官,几次上书仁宗,要求撤换张尧佐的三司使,精选德才兼备的大臣担任,以免张尧佐坏事。但是,宋仁宗装聋作哑,一直不予理睬。宋仁宗也是铁了心,张贵妃有求必应,他不管台谏官的议论,继续晋升张尧佐的官职。皇祐二年(公元1050年)闰十一月,朝廷突然冒出一条爆炸性新闻:一天,宋仁宗上朝宣布授予张尧佐宣徽南院使、淮康军节度使、景灵宫使和群牧制置使等四项重要官职,满朝文武大哗,喧腾不止。谏院长官包拯和御史台长官王举正,大喊任命张尧佐四使不当,并要率领台谏官廷争,即面对面与仁宗争辩是非。

国舅犯死罪　娘娘私出宫

宋仁宗也没好气地说,你们想论辩张尧佐吗?节度使是粗官,何用争?即有啥可争?

这时,本来站在朝班后边的殿中侍御史里行唐介急忙挤到前边,顶撞仁宗说:"节度使,太祖、太宗,皆曾为之,恐怕并非粗官"。一句话给宋仁宗弄了个张口结舌,无言以对。他的意思是说,节度使,宋太祖赵匡胤、宋太宗赵光义,这些先帝都曾经当过,恐怕不能说是粗官吧?

这时,包公、吴奎、陈旭与王举正、张择行、唐介等,一大群台谏官,争先恐后,奋勇向前,挤到皇帝跟前,七嘴八舌,大声争论不已,闹了个满堂彩。

尤其是包公,他与皇帝面对面争吵,怒目圆睁,言辞激烈,口若悬河,反复指责和批评宋仁宗私昵后宫,用人唯亲,用人唯私,上违天心,下违民意等等,说到激动时,竟将唾沫星子喷了皇帝一脸。宋仁宗一看乱了套,立即宣布退朝,下殿回宫去了。结果,君臣间闹了个不欢而散。

据史书记载,张贵妃对伯父张尧佐当宣徽使特别在意。这天,宋仁宗上朝之前,张贵妃一直送到金銮殿门前,反复叮嘱宋仁宗不要忘了伯父的宣徽使。她抚摸着宋仁宗的肩膀说:"官家(指仁宗),今日不要忘了宣徽使!"宋仁宗连声说:"得!得!"就是说,知道了,忘不了。张贵妃还专门派了一个小太监,暗地里在金殿一侧探听消息,听听大臣们对任命他伯父当宣徽使有啥反应,并及时汇报。结果,包公等台谏官群起廷争,强烈反对,闹了个不亦乐乎。张贵妃很快就知道了事情不顺利，而且还给皇帝弄得很没面子，心里有点儿歉疚。她马上走出宫门迎接宋仁宗，并向仁宗连声表示道谢。这时，宋仁宗用袍袖擦一把脸，对张贵妃说："包拯向前说话，直吐我面，你只管要宣徽使！宣徽使！岂不知包拯为御史乎？"

此后，宋仁宗给台谏官下了一道《答诏》：

近为台谏官累奏，乞罢张尧佐三司使之职，及言亲连官掖，不可用为执政之臣……已指挥中书（指宰相府，即东府），后妃之家今后并不除两府职任……今来台谏官……议论翻覆，及进对之时，喧哗失礼，若以常法，便当责降。朝廷务存政体，特示含容，宜令诚谕知悉。

——《包拯集·弹张尧佐一·附答诏》

从宋仁宗这份答诏可以看出，通过这场闹腾，宋仁宗也做出了让步，接受台谏官意见，今后后妃之家人不再任命为朝廷两府执政等重要职务。同时，也批评了台谏官，说他们议论反复，有时自相矛盾，特别是大闹朝堂，喧哗失礼。按照常法应当处分，罢官，降职，但这次暂且包涵、宽容，今后应当引以为戒，不可造次。

同时，张尧佐迫于台谏官的压力，也主动请求朝廷免去了宣徽使和景灵宫使两项职务。这就是史书上称道的包公等台谏官"卒夺其（张尧佐）宣徽、景灵二使"的全部经过。由包公引发的这场"倒张风波"，真是惊心动魄，轰轰烈烈，影响很大。

宋代史书对包公这次廷争和激烈弹劾国丈张尧佐，给予了详细

第十章 包公与皇亲国戚（上） |147

记载和很高的评价。它这样写道:

  一日（仁宗）将御朝，温成（张贵妃）送至殿门，抚背曰："官家（皇上）今日不要忘了宣徽使。"上（指仁宗）曰："得得"。既降旨（指任命张尧佐四项要职），包拯乞对，大陈其不可，反复数百言，音吐愤激，唾溅帝面，帝卒为罢之。温成（张贵妃）遣小黄门（小太监）次第探伺，知拯（包公）犯颜切直，（贵妃）迎拜谢过（皇帝）。帝举袖拭面曰："中丞向前说话，直吐我面，汝只管要宣徽使！宣徽使！岂不知包拯为御史乎？"

——《宋人轶事汇编》转引《曲洧旧闻》

这段历史记载，写得通俗易懂，形象生动，有声有色，充分表现了包公面折仁宗和勇于弹劾国丈张尧佐的大无畏精神和光辉形象。

二、张贵妃与《打銮驾》

在历史上，正是包公与皇亲国戚张贵妃、张尧佐这场正义斗争，后来演绎出了许多包公戏，传统戏《打銮驾》就是其中之一。这出戏中的庞太师和庞贵妃就是影射国丈张尧佐和张贵妃的。《打銮驾》的剧情比较简单：

庞太师的儿子、庞贵妃的弟弟安乐侯庞昱是朝廷派往陈州灾区的赈粮官，因他贪污受贿、米中掺沙、抬高粮价、坑害灾民，并且草菅人命，陈州灾民不断进京告发。于是，朝廷就钦命包公前往查赈，调查处理此事。庞太师知道后慌了神，他了解包公铁面无私、刚直不阿、执法如山，此去陈州查赈，他儿子庞昱肯定凶多吉少，便找女儿庞贵妃商量，结果想出了个借用皇后銮驾阻拦并说服包公

民间年画《包公打銮驾》

不下陈州的计划，太师一伙多次阻拦包公出京。后来，包公想方设法了解到銮驾内坐的不是皇后，而是庞贵妃，是来劝阻自己不要去陈州的。包公是何等人物？他钦命在身，岂能拦住？同时他也知道贵妃乘皇后銮驾是越礼行为，不合礼法，便不管三七二十一，打了銮驾，硬闯过去，下陈州除暴安良去了，弄得庞贵妃很狼狈。

那么，这个戏的真实性如何？张贵妃有没有这档事儿？包公打过銮驾吗？要解答这个问题，必须先讲讲这位大名鼎鼎的张贵妃。

张贵妃的父亲张尧封，也是进士出身，做过石州推官，死得早，她由伯父张尧佐抚养长大。据说，张贵妃美貌动人，聪明智慧，深

得宋仁宗宠爱。《宋史》这样记载她：

> 妃巧慧多智数，善承迎，势动中外。
>
> ——《宋史·后妃上》

看来，张贵妃是个才貌双全的女界精英，她"势动中外"，说明她已经是权势熏天了。她不仅是皇帝的最爱，伯父在朝做高官，而且与宰相也有通家之谊。比如，贵妃的父亲张尧封与宰相文彦博都是泰山著名教育家孙明复的门生，关系相当好。张贵妃的养母在宫中很活跃，人称"贾婆婆"，人人敬仰。另一位宰相贾昌朝是个马屁精，因为同姓，居然认贾婆婆为干娘，自称干儿，对义妹张贵妃能不言听计从吗？

这个张贵妃真是树大根深，在朝内左右逢源。这次为伯父张尧佐加官晋爵，任命为宣徽使等四项要职，就是宰相文彦博、贾昌朝支持和出的主意。

老实说，张贵妃这个人并不坏，为其伯父张尧佐要官也是人之常情。张尧佐虽然遭到台谏官弹劾，但她宽宏大量，与宋仁宗一样，从不记恨大臣，更没有过任何打击报复。这说明，她为人还是很正派的。

然而，张贵妃也有个明显的缺点，就是爱好虚荣，用现在的话说，就是喜欢摆谱，有些张扬。

这样，就容易招惹一些喜欢攀龙附凤的大臣，投其所好，赠送珍奇礼品来讨好她。比如，张贵妃屋内摆放的定州窑红瓷器，就是御史中丞、马屁精王拱辰赠送的。一年元宵节，张贵妃与宋仁宗登上宣德楼观灯,与民同乐。她身上穿的四川名绣灯笼锦,就是宰相文彦博夫人赠送的。尽管张贵妃与文彦博两家是世交,有通家之谊,仍然免不了别人说闲话。至于张贵妃喜欢佩戴金银珠宝等装饰品,就更不用说了。史载,张贵妃喜欢吃江西生产的金橘,因路途遥远难以运输,以至京师金橘价格猛涨等。

那么,张贵妃究竟借过皇后的銮驾没有?

查宋史后妃传,张贵妃出外游春,还真的借用过曹皇后的銮驾,宋史是这样记录的:

张妃怙宠上僭(越礼越制),欲假后盖(借皇后銮驾)出游。帝使自来请,后与之,无靳色。妃喜,还以告,帝曰:"国家文物仪章,上下有秩,汝张之而出,外廷不汝置"。

——《宋史·后妃上》

从宋史这段记载看,张贵妃的确借用过皇后銮驾出游,而且皇帝知道,皇后应允,虽然僭越礼仪,不合常规,但并非张贵妃私下捣鬼,也没做任何坏事,本来无可厚非。在古代,所谓"龙车凤辇"有一套礼仪,那是皇帝和皇后的"专利",一般嫔妃是绝对不敢用的。宋仁宗曾经想废掉曹皇后而立张贵妃为后。史书有这样一段记载:

温成(张贵妃)有宠,慈圣光献(曹皇后)以事忤旨。仁宗一日语宰相梁适曰:"废后之事如何?"梁适曰:"闾巷小人,尚不忍为,陛下万乘之主,岂可再乎?"谓前已废郭后也。帝意解。

——《曲洧旧闻》

意思是说，有一次曹皇后惹得宋仁宗不高兴，他萌发了废掉皇后而另立的念头，就问宰相梁适，废后这件事如何？梁适说，大街小巷的平民百姓都不忍休掉结发妻子，陛下是一国之君，怎能随意废掉皇后而再立呢？宋仁宗觉得有理，便打消了废后的念头。

张贵妃享年不永，皇祐六年（公元1054年）病逝，终年三十一岁。宋仁宗十分哀恸，追册她为皇后，谥号"温成"，史称"温成皇后"或张皇后，张贵妃终于圆了皇后梦。

那么，包公打过銮驾没有，肯定没有，无论銮驾内坐的是皇后或者贵妃，任何大臣都是不敢冲撞的，因为那是欺君大罪。更何况张贵妃借用皇后銮驾是外出游春，并未招谁惹谁。包公打銮驾只是文学艺术上的借题发挥，用以表现包公不畏权贵和执法如山的精神，与历史上的张贵妃和国丈张尧佐实在没有关系。所以，戏剧上将张贵妃改名为庞贵妃。

除此之外，包公还与哪些皇亲国戚做过斗争？又引发出哪些传统包公戏呢？

第十一章

包公与皇亲国戚（中）

在戏剧舞台上，黑脸大清官是包公光辉形象的显著标志。他还有另一个显著标志，也很有代表性，这就是"三口御铡"，俗称"三口铜铡"。中国人有句俗话，叫"拿不住奸贼不煞戏"。我们观看包公戏，每当高潮来临即将拿住奸贼时，张龙、赵虎等就抬着三口御铡出场亮相，同时抬着扒去官服的罪犯走过场。真是威风凛凛，振奋人心。

那么，历史上的包公真有"三口御铡"吗？要回答这个问题，还得从包公与陈州以及江淮灾民的关系说起。

一、包公"三口御铡"的故事

宋仁宗庆历四年（公元 1044 年），包公 45 岁，在中央担任监察御史不久，就为陈州及江淮两浙灾民做了一件大好事。这年冬天特别冷，史载：

开封包公祠内的三口铜铡

"京城积雪,民多冻馁","陈、楚之地尤甚"。

——《长编》卷 146

春末夏初,大小麦又遭"握脖旱",粮食大为减收或绝收。而官府不顾百姓死活,还要加重劳役和税收剥削,搞得民不聊生,饿殍遍地。

包公访知上述情况后,希望朝廷废除苛政,救济灾民,一连上了好几道奏章,为民请命,像《请免陈州添折见钱》、《请开义仓米赈给百姓》、《请免江淮两浙折变》等。

义仓,也叫常平仓,是政府储备粮食专为救济灾民所用。包公为民请命的这些奏章,朝廷采纳执行情况不详,包公是否亲往陈州查赈或赈粮,也不见正史记载。据《淮阳重建包孝肃公庙碑记》和《陈州府志》记载:

陈州平粮台遗址

陈州公（包公）监泉之处，锄奸革弊，民受其惠。

——《淮阳县志·重建包孝肃公庙碑记》

豪贵伏诛，民赖全活。

——《陈州府志·名宦》

由此可知，陈州及江淮百姓成千上万人被救济，得以活命。百姓怀念包公恩德，不仅建立了包公庙，而且还流传了一个包公放粮的故事，同时逐渐产生了《陈州粜米》、《下陈州》、《铡国舅》等几出包公戏，这就变成包公演义了。

据传说，朝廷接受包公建议，派庞太师之子、庞贵妃之四弟庞昱，即四国舅前往陈州赈粮（还有一种说法是曹国舅）。但是，这位钦命赈粮官四国舅却私自抬高粮价，米中"二八"掺沙，坑害灾民。宋仁宗便命包公前往查赈，即调查处理此事。

包公说:"臣多大个官儿,怎能查办四国舅?"

仁宗说:"赐你三道御札(即手诏),事情就好办了。"

包公回府,心生一计,"御札"谐音为"御铡",就找相国寺的工匠绘制了龙、虎、狗三口御铡图,献给仁宗审阅。宋仁宗明白包公的用意,是借"札"字之音改作"铡"字,做成三口御铡以威吓那些外戚,真是奇思妙想,便笑笑说:"你看着办吧!"退回给包公。

于是,包公就打造了三口御铡,带往陈州,先斩后奏,处决了坑国害民的四国舅。三口御铡分工是:龙头铡专铡违法乱纪的皇亲国戚;虎头铡专铡贪赃枉法的文武官吏;狗头铡专铡为非作歹的无赖歹徒。

这就是包公将"三道御札"变成"三口御铡"的传奇故事。实际上,历史上的包公没有三口御铡,一口也没有,因为宋代废除了这种酷刑。包公"三口御铡"的故事,充分体现了百姓们的美好愿望,希望包公不同凡响,威风凛凛,为国尽忠,为民除害。特别是在戏剧舞台上,三口御铡成为包公文化的又一个显著标志和亮丽风景,在他的反贪倡廉活动中,有着不同寻常的震慑作用。

二、包公与《铡美案》

讲罢"三口御铡",不能不讲《铡美案》。《铡美案》在包公戏和众多婚变戏中,是最典型、最深刻,也最受百姓欢迎的经典剧目。在这出戏中,包公的铁面无私、公平正义、执法如山,秦香莲为维护自身的合法权益而不屈不挠的斗争精神,都表现得淋漓尽致,深受百姓爱戴和敬仰。而陈世美忘恩负义、攀龙附凤、小人得志便猖狂,直到杀妻灭子犯下滔天大罪。他作为婚变戏的反面角色也表现得入木三分,成为负心汉的典型,不杀不足以平民愤。

我们说,在包公戏中,在婚变戏中,《铡美案》的重大影响和受欢迎程度,超过任何一部传统戏,它真正达到了家喻户晓,人人皆知。

关于《铡美案》这出戏的诞生与来历,众说纷纭,传闻很多,搞得扑朔迷离,有必要予以解读。

1. "冤假错案"说

民间传说,陈世美的原型是湖北均州(今丹江口市)人士陈年谷,字熟美。据《均州志》和《湖北通志》等史书记载,陈年谷是清代顺治十二年(公元1655年)乙未科进士,初任直隶省饶阳知县,后逐渐升任贵州省布政司参政。他居官清廉正直,体察民情,是个清官、好官。

秦氏母子京城寻夫

据传，陈年谷在任职期间，有同窗好友二人，曾经找他求职任差而遭到拒绝，在返回去的路上遇到几个艺人，为发泄不满，便颠倒黑白，合伙编写了陈世美与秦香莲的故事，让包公铡了这个忘恩负义的陈世美，到处演唱，人为地铸成了这个冤假错案。

还有一说，是陈世美的老师进京，受到陈世美的冷遇，一气之下返回均州，在路上一家旅店生病时写了《秦香莲抱琵琶》剧本，内容与《铡美案》差不多，交给艺人演唱。但是，剧情只到韩琦杀庙，即他放过秦香莲母子后而自杀为止，没有包公铡陈世美的情节。

传说，某年正月十六日，有个戏班子演《秦香莲抱琵琶》，因嫌戏太短，演出前加了个垫戏，即短剧《铡国舅》。然后正戏才开演，当演到韩琦杀庙，也就是他放走秦香莲母子后自杀，秦香莲母子返回来扑倒在血泊中大哭大喊时，戏剧戛然而止，就落幕煞演了。

这时，台下观众不走，大喊杀了坏蛋陈世美，同时砖头瓦块一齐扔向戏台。剧团掌班一看不妙，溜向后台，只见"包公"还在炉火旁取暖，尚未卸装，灵机一动，计上心来，推着这个演员说："快，快到前台继续演出，铡了陈世美！"包公演员说："我在宋朝，陈世美在清朝，相隔六七百年，怎么能同台唱戏？"掌班急忙说："哎呀！现在下不了台了，还管他同朝不同朝干啥？陈世美是当朝驸马，谁敢杀他？只有你包青天铁面无私，执法如山，铡了他给百姓们出出气，不就煞戏了吗？"

"包公"只好带着王朝马汉张龙赵虎，抬上三口御铡，捆绑了陈世美，重新亮相登场，宣布陈世美罪大恶极，立即处死，铡了陈世

陈世美充军

美。当时,台下全场欢呼,掌声雷动,经久不息。从此,小戏《秦香莲抱琵琶》就变成大戏《铡美案》了。

2.《赛琵琶》演化为《铡美案》说

再一个,是《赛琵琶》演化为《铡美案》说。根据戏剧专家研究,秦香莲故事可以追溯到宋元时期的南戏《琵琶记》。人们因对其妥协和团圆结尾不满意,重新编写了《秦香莲》戏文,加上了包公铡陈世美的情节,思想性和艺术性都比原先的《琵琶记》大大向前发展了一步,所以《秦香莲》原名叫做《赛琵琶》,意思是超过了《琵琶记》。后来,《秦香莲》又逐渐演化为《铡美案》。

总之,民间传说也好,戏剧发展史也好,关于《铡美案》的来历都有些牵强附会的成分在内,我们也不必细加考究。因为《铡美案》作为一部文学艺术作品,允许虚构和典型化,陈世美是个文学艺术形象,与他有没有原型都关系不大了。

《铡美案》宣扬了我国"贫贱之交不可忘,糟糠之妻不下堂"的传统美德,歌颂了包公除暴安良的清官文化,鞭笞了陈世美负心汉的罪恶行径,极受百姓欢迎,成为了经典名剧,应当充分肯定。

开封包公祠《铡美案》蜡像

三、包公三弹郡马郭承佑

通过解读《铡美案》，有一个问题值得深思：这就是担当处死陈世美的人选为什么是包公而不是别人？这从剧团掌班的话语中也可受到启发，"陈世美是当朝驸马，谁敢杀他？只有包青天……"。这说明了人们对包公的无限信任和崇拜。那么，我们从历史上，从真包公身上，能否找到一点儿包公担当铡美重任的缘由呢？

我们说，历史上的包公除了弹劾国丈张尧佐之外，还弹劾过几个皇亲国戚，如国舅李昭亮、国舅兼恶吏杨景宗。然而，最著名的是包公三弹皇亲、郡马郭承佑。

在唐宋时期，帝王之女称公主，其女婿称驸马。而亲王之女称郡主，其女婿称郡马，都属于皇亲国戚。包公虽然没有弹劾过驸马，但是，他三弹郡马郭承佑倒是千真万确。

郭承佑，字天锡，娶太宗之子舒王元偁之女为妻，是为郡马。宋仁宗当太子时，他就是东宫官，即太子府属员，与太子赵祯关系密切。宋仁宗当皇帝后，就提拔他为阁道通事舍人（负责宫内传宣赞谒之事）。但是，郭承佑不是东西，居然监守自盗皇宫的御酒和金器，被除名送岳州（今岳阳市）编管（相当于劳动教养）。然而，因为他与宋仁宗是哥们，又是皇亲——郡马，不久即被启用，官至建武军节度使，殿前副都指挥使（殿前禁军副统帅）、宣徽南院使判南京应天府等，此人恶性难改，他滥杀无辜，以禁军当仪卫，仿皇帝派头无人臣礼，还擅自截留粮纲，烦扰地方，百姓苦不堪言。宋史这样记载他：

承佑性狡狯，缘东官恩（仁宗恩赐），又凭借王邸亲（指郡马），既废（指除名）复用，乃僭（越规）言事，或指切人过失，同列（同僚）谓之"武谏官"。

——《宋史·郭承佑传》

郭承佑自己违法乱纪，无恶不作，还经常上书指责别人的过失，人称"武谏官"，人人畏惧，不大敢招惹他。欧阳修、余靖曾上书，"论其非才"，但无济于事。郭承佑仗着与皇帝关系密切，有恃无恐。

然而，郭承佑遇到了包公，才算遇到了真正的克星。皇祐二年（公元1050年）八月，包公身为谏院长官，有劝谏皇帝和纠察百官过失之职权。他怒不可遏，一连三次弹劾郭承佑：

臣等已三次论列郭承佑，……至今未奉谕旨。……诚忧国家威令不行，则凶人无以戒惧。

承佑以亲以旧，曲被优恩，有大罪而蒙生全，无微功而叨将领……渎乱国经……僭越典常……此其可恕，则天下之恶无不可容者矣！

——《包拯集·弹郭承佑一至二》

包公在这篇奏章里，首先批评宋仁宗以旧友和皇亲的关系而包庇纵容郭承佑。然后指出郭承佑的种种严重罪行，认为此等大奸大恶之人若可宽恕，那么天下还有不能宽恕的恶人吗？并要求宋仁宗痛下决心，将郭承佑处以极刑，以正国法。

宋仁宗虽然没有完全听从包公的意见而法办郭承佑，但是将郭承佑罢官、贬知郑州。真是苍天有眼，郭承佑尚未到郑州上任，突然得暴病而亡，这算是为国家和百姓除掉了一个大祸害。

包公与皇亲国戚违法乱纪的斗争，至郭承佑达到了又一个顶峰。也就是说，包公弹劾国丈张尧佐和弹劾郡马郭承佑，是轰动朝野、影响最大的两起爆炸性事件，大大提升了包青天铁面无私、刚直不阿、执法如山的威名。

那么这些究竟是不是剧作家或百姓们在《铡美案》的形成过程中，选择包公铡美的一个因素呢？现在已不得而知，就留待专家们去研究探讨吧！

其实，关于包公和皇亲国戚之间，流传最广泛的还有另外一个故事，这就是"狸猫换太子"，那么这究竟是怎样一回事呢？

第十二章 包公与皇亲国戚(下)

在包公戏中，《狸猫换太子》与《下陈州》、《铡美案》是最受百姓欢迎的三大经典剧目，影响很大。同时，在它们的发展过程中，又演绎出不少折子戏来。如《打銮驾》、《铡郭槐》、《打龙袍》等，它们共同形成了包公戏的完整体系。追根溯源，这些戏剧大都事出有因，都是经过艺术夸张，演义而成，主题思想鲜明，故事生动感人，惩恶扬善符合百姓心理，极受欢迎。

《狸猫换太子》剧情，起源于北宋真宗"刘皇后夺子归己案"，因其容量较大，人物众多，情节离奇，复杂多变，颇能引人入胜。

一、《狸猫换太子》的主要内容

《狸猫换太子》的基本内容分为五部分：

1. 刘皇后、内宫总管郭槐与产婆尤氏合谋，用剥皮的狸猫换下李宸妃所生皇子（太子），诬告李宸妃生下妖怪，将她打入冷宫受苦。同时，宫女寇珠与太监陈琳救下皇子（即宋仁宗），送往南清宫八贤王处，由狄王妃抚养。

宋人绘刘皇后像

2. 刘皇后、郭槐火烧冷宫，欲害死李宸妃。同时，冷宫太监余忠自愿替死，由主管太监秦凤救下李宸妃，结果李妃流落乡间。

3. 包公下陈州返回的路上，在草桥镇天齐庙遇到李宸妃告状，包公以亲戚打掩护将她带回开封。

4. 包公将此事奏明仁宗，起初宋仁宗不信，要治包公欺君之罪，后经陈琳冒死说明真相，夜审郭槐，铡郭槐，真相大白，刘太后畏罪自尽。

5. 宋仁宗认母，亲迎母亲回宫。因仁宗迟迟不觉悟，还差点误杀忠臣包公，李宸妃要治宋仁宗不孝之罪，命包公打皇帝。包公智慧，怎么能以臣打君？便让宋仁宗脱下龙袍，用紫金棍拷打龙袍，象征惩罚了皇帝，李宸妃高兴，为包公加官晋爵。

据说，狸猫换太子所用狸猫也不一般，是波斯（伊朗）进口的金丝狸猫，更像妖怪，也更离奇，剧作家便以《狸猫换太子》冠名，吸引观众。

二、"刘皇后夺子案"的历史真相

那么,《狸猫换太子》所表现的北宋"刘皇后夺子案",历史真相究竟如何呢?

《宋史》是这样记录的:

《绣像龙图公案》插图
《狸猫换太子》

初,仁宗在襁褓(包裹小儿的小棉被),章献(刘皇后,死后谥号章献)以为己子,使杨淑妃保视之。仁宗即位,妃(指李宸妃)嘿处先朝嫔御中,未尝自异。人畏太后(真宗死后,刘皇后为皇太后),亦无敢言者。终太后世,仁宗不自知为妃(李宸妃)所出也。"

燕王为仁宗言:"陛下乃李宸妃所生,妃死以非命。"

——《宋史·后妃传》

还有宋人笔记的一则记录是:

昭陵(指宋仁宗)以章献(刘太后)之崩,号泣过度,章惠太后(杨淑妃,刘太后遗诏赠为皇太后)劝帝(仁宗)曰:"此非帝母,帝自有母。宸妃李氏已卒,在奉先寺殡之。"

——《宋人轶事汇编》转引《默记》

从这几则史书记录看,证实了以下几个问题:

1. 宋仁宗确系李宸妃所生,刘皇后据为己有,且让杨淑妃抚育,照顾极好,并未加害。

2. 所谓"剥皮狸猫换太子"纯属艺术虚构,子虚乌有。

3. 终刘太后之世,即刘太后死前,宋仁宗一直不知道自己的生母是李宸妃。

4. 宋史讲,人怕太后,不敢言说,仁宗此事待刘太后死后才由皇叔燕王即八王爷告知。实际上,此事有两个人告知仁宗,这就是还有杨淑妃。杨淑妃与刘太后关系最好,如同亲姐妹,受托精心抚育仁宗。宋仁宗平时称刘太后为大娘娘,杨淑妃为小娘娘。

从燕王的"李宸妃死于非命"看,当时人怀疑刘皇后害死了李宸妃。宋人笔记也记载,刘太后死,人怀疑李宸妃死于非命。

宋仁宗知道生母为李宸妃,又听说死于非命,立即止住哭泣,派兵围困刘太后宫院。同时急忙到奉先寺看望其生母灵柩。结果启棺一看,妃形容如生,知道不是被毒死,才撤围了事,遂追尊李宸妃为皇太后。

还有一则记录是,宋仁宗急忙找其舅父李用和启棺视之,也是容貌如生。为什么?因为刘太后听从宰相吕夷简的建议,给李宸妃治丧采用正一品大礼(李宸妃级别为从一品),且着皇后冠服,以水银实棺,列位奉先寺供奉,所以虽死一年,玉体不坏。

《宋史》具体记载如下:

(宋仁宗)易梓官,亲哭视之,妃玉色如生,冠服如皇太后,以水银养之,故不坏。

——《宋史·后妃上》

仁宗皇帝认亲母

这就证明,李宸妃确系病死,李宸妃死于明道元年(公元1032年),享年四十六岁。此后,在右司谏范仲淹的劝说下,以大局为重,以国家为重,宋仁宗也就不再追究此事,所以在当时并未形成大案。

其实,刘太后在历史上颇有名望,评价也很高,宋史的评论是这样的:

(刘皇)后性警悟,晓书史,闻朝廷事,能记其本末。真宗退朝,阅天下封奏,多至中夜,(皇)后皆预闻。……天禧四年,帝久疾居宫中,事多决于(皇)后。

——《宋史·后妃上》

意思是刘皇后机警聪明,悟性高,知道朝廷很多事情,都能说出来。宋真宗阅读奏章,多到半夜,刘皇后大都参与,皇帝有病时期,国家大事大都由刘皇后裁决,她有治国才能。宋真宗驾崩后,遗诏尊刘皇后为皇太后,"军国重事,权取处分"。刘太后垂帘听政,辅佐小皇帝掌管国家政权,她几乎成为武则天第二,即女皇帝。《宋史》还有这样的记录:

小臣方中弓上书,请(刘太后)依武后(武则天)故事,立刘氏庙。而程琳亦献《武后临朝图》,后(刘太后)掷其书于地曰:"吾不作此负祖宗事。"

——《宋史·后妃上》

看来,有人不断劝刘太后学武则天,当女皇帝,都被她严词拒绝。小皇帝并不是她的亲生儿子,她能这样呵护,倾力辅佐,实属难能可贵。史书上讲,刘太后为宋仁宗能做四十二年的太平天子打下了良好的基础,为宋朝的稳定和延续做出了重大贡献。

在《狸猫换太子》中,陈琳是仗义救皇子,并且促使李宸妃母子团圆的英雄。而在宋史上,程琳其人却给刘太后上了一幅《武后临朝图》,是个马屁精,与戏剧中的陈琳截然相反。

宋真宗死后,刘太后辅佐宋仁宗十一年,即"垂帘听政","号令严明,恩威加天下",史称"章献垂帘"。宋仁宗明道二年(公元1033年)驾崩,年六十五岁。李宸妃是杭州人,初入宫是刘皇后的侍女,比刘皇后小十八岁。"庄重寡言",比较稳重内向。当时,宋

第十二章 包公与皇亲国戚（下）

真宗 43 岁，刘皇后 41 岁，尚无皇子。而李宸妃虽为侍女，但肤色如玉，光彩照人，颇讨真宗喜欢。宋真宗以为侍寝，她怀孕后，宋真宗还特意卜了一卦，结果当生男孩，非常高兴。后来，她果然生下宋仁宗，被宋真宗封为崇阳县君，后来又生一女，夭亡。她晋位才人，后又晋升婉仪（从一品）。宋真宗驾

宋真宗赵恒像

崩，宋仁宗即位，刘太后垂帘听政，又指派亲信四处寻访李宸妃的族人亲属，得其弟弟李用和，任命为禁军军官三班奉职，李宸妃这个尊号也是刘太后封赠的。由此看来，刘太后心眼不坏，对李宸妃和宋仁宗可谓关怀备至。即使刘太后将皇子据为己有这件事，宋真宗也应该知道，因为李宸妃生下仁宗之后封崇阳县君，后来进封为才人、婉仪，都是真宗在世所为，不然的话，真宗为什么不断加封她？真宗死后，刘太后还将她晋升为顺容（略高于婉仪），又特封赠为宸妃。李宸妃的尊号并不是宋真宗给的，而是刘太后给的。可以这样说，"刘太后夺子"之事，并非偷偷摸摸，而是皇宫许多人都知道，即使外廷大臣也有人知道，唯独宋仁宗自己不知道。李宸妃死后用皇太后大礼厚葬，就是宰相吕夷简的建议，刘太后开始犹豫，后来完全同意。不过，无论怎么说，宋仁宗十三岁即位，二十四岁亲政，他与李宸妃在皇宫内共同生活二十三年，见面次数恐怕也不

会很少，李宸妃委屈，自然不敢明说，以免遭祸，而宋仁宗却一直不知道李宸妃是亲生母亲，这的确是人生莫大的悲剧，李宸妃与宋仁宗母子二人的创痛可想而知。人们同情他们的遭遇，就编写了《狸猫换太子》剧目，为他们母子抱不平，将刘太后打造成狠毒奸诈的女人，不得好报，终于畏罪自杀，又请包公铡了刘太后的帮凶，即总管太监郭槐，最后李宸妃与宋仁宗相认团圆，皆大欢喜，总算出了胸中怒气。

三、包公与《狸猫换太子》

那么，有人会问，怎么好事都落在包公身上呢？好事都是包公做，坏人都是包公铡。的确，《狸猫换太子》还真与包公有些源渊，尽管有些牵强附会。前边我们曾经讲过，包公奉旨审断过"假皇子案"，即冷清案。冷清之母确系宫女，被放出宫后，嫁给汴京一家药铺老板冷绪，后生一女，又生冷清，冷清便拿着他母亲的御赐"绣抱肚"招摇撞骗，冒充皇子，轰动京师。后来，包公审案弄了个水落石出，真相大白，冷清认罪服法，被处以死刑。《狸猫换太子》也是皇子的案件，史称"刘皇后夺子案"，编剧者让谁来审断？包公当然又是最佳人选，这就有了李宸妃天齐庙告状，包公进京铡郭槐、打龙袍等情节。那么，历史上的包公真的参与了案件审理吗？我们说，当时此事根本就没有形成案件，即仁宗不再追究，包公自然也就不可能审断此案了。从包公与皇亲国戚的关系上讲，他总是弹劾的多，指责的多，也曾批评宋仁宗用人唯亲。然而，也有例外，包公唯独对李宸妃的弟弟李用和赞誉有加，并为他论功请赏。

李用和，字审礼，是李宸妃的亲弟弟，宋仁宗的亲娘舅，人称李国舅。李宸妃进宫后，他流落在外，曾为凿纸钱家当佣人，因患痫疾，病情沉重，势将死去，被东家抛弃于道左，乞讨度日，几乎饿死在大街上。说来也巧，刘太后根据李宸妃的说法，派人四处寻访，竟遇上了这个即将病饿而死的李用和，出于可怜，让他吃饭，问起来历，竟是杭州人，再问小名，竟与李宸妃说的相同，而且破褂子里还挂个绣囊，这正是李宸妃所说的姐弟信物。李用和被带进宫后，姐弟相见，刘太后先封李用和为三班奉职（禁军下级军官），后又晋升右侍禁（中级禁军军官）。宋仁宗一直提拔李用和，曾任侍卫马、步亲军副都指挥使（即殿帅副长官）。

民间剪纸——狸猫换太子

宋仁宗庆历三年（公元 1043 年），右侍禁李用和应募参加评定张海之乱，一举成功，"杀获张海等四人"，余众溃散。朝廷奖励，仅提升李用和为东头供奉官、阁门祗候。包公极为不平，认为朝廷违背诺言，李用和功劳大而奖赏低。傅永吉杀获王伦，奖赏提拔超八资，而李用和仅超四资。还说，"张海之患，甚于王伦；用和之功，优于永吉，而功同赏异，何以激励将来，请求比照傅永吉，特与优改官职"。包公的奏章题目是："论李用和捉获张海乞依赏格酬奖"，其主要内容是：

伏见朝廷先以军贼张海等未获，特立赏格，招募使臣，如捉获，依傅永吉例，优加酬奖。近闻右侍禁李用和应募而往，不逾数旬，果能杀获张海等四人，余众并已溃散。用和授东头供奉官、阁门祗候，中外闻之，无不失望，似非朝廷开示大信之旨也。且张海一岁之内，恣行残暴，京西十余郡，幅员数千里，官吏逃窜，士民涂炭，以至江淮州县，无不震惊。前后凡遣使臣，悉多败北。臣窃谓张海之害，甚于王伦；用和之功，优于永吉。而永吉……凡超八资……今用和止超四资，功同赏异，何以激励将来。……比类傅永吉，特与优改官秩。

——《包拯集·论李用和捉获张海乞依赏格酬奖》

由于包公与宋仁宗、李国舅关系比较好，加上他刚直不阿、执法如山，主审"狸猫换太子"一案的大法官，就落在了他身上。当然，这只是剧作家和老百姓的美好愿望，而历史上的包公确实没有机缘审断此案，刘太后驾崩时，包公三十六岁，还在合肥老家为父母尽孝呢，尚未出仕做官，怎能断案呢，所以只能当包公传奇看待。这就是包公与《狸猫换太子》扑朔迷离的历史关系。

第十三章 包公与包公文化的深远影响

包公一生，反贪倡廉，兴利除弊，利国利民，促成宋仁宗嘉祐年间经济繁荣，社会稳定，史称"嘉祐盛世"。包公为其做出了卓越贡献，成为众望所归的"嘉祐名臣"。

宋仁宗嘉祐六年（公元 1061 年）四月，包公六十三岁，在朝野人士和人民群众的一片赞扬声中，晋升为枢密院枢密副使，就是朝廷最高军事副长官，相当于副宰相，从三品高官。

宋代，朝廷的中书省主管政务，称为东府，设宰相、副宰相共四人；枢密院主管军事，称为西府，设枢密使、副使共四人。两府合起来称为"二府八位"，属于朝廷的最高执政官。至此，包公进入了朝廷最高执政官的行列，这也是包公一生中的最高官职。

一、鞠躬尽瘁，病殁开封

包公晋职枢密副使，老当益壮，仍然奋发有为，不减当年。他要富国强兵，安边御寇，努力实现江山永固，国泰民安。可惜，包公在枢密院只有一年多时间，壮志未酬。嘉祐七年（公元1062年）五月十三日，包公正在处理军政要务，审核北宋前期的军事档案汇编《机要文字》，突然发病，同僚急忙将他送回家中诊治，并速报朝廷。宋仁宗得知包公患病，极为关切，马上派特使探望并送上御用良药。然而，一切都无济于事，这位为国为民奋斗不息的老包公，一病不起，于五月二十五日，与世长辞，终年六十四岁。当时情况，历史文献这样记载：

（嘉祐）七年五月己未（十三日），（包公）方视事，疾作以归。上（仁宗）遣使赠良药。辛未（二十五日），遂以不起闻。车驾幸其第临奠，辍视朝一日。子包綖才五岁，上（仁宗）顾见，惨怆久之，谕左右曰："包拯公而忘私，不邀阴幸，当看顾其子。"

——吴奎《包公墓志铭》

意思是说，包公从突然发疾到去世时间很短，仅有十余日，其间，宋仁宗曾遣使送良药，深表关切。包公不幸去世，宋仁宗十分震惊，马上宣布停止视朝一天，即放假一天，并立即起驾，亲自前往包公家中吊唁，给了包公极高的礼遇。宋仁宗发现包公家中俭朴，衣服器用如同百姓，感叹不已，又见包公小儿子年仅五岁，心生怜悯，悲伤难过了好一阵子，并招乎左右大臣说："包公公而忘私，不邀后福"应当好生看顾他的后代，宋仁宗还荫补其子包綖，后改名包绶，封其为将仕郎、太常寺太祝。同时，追赠包公为礼部尚书，

第十三章 包公与包公文化的深远影响 |185

开封大相国寺原山门

从二品官衔。因此,后人也称包公为包孝肃公。

当时,包公去世的噩耗传出,朝野震惊,全城尽悼。史载:

> 京师吏民,莫不感伤,叹息之声,闻于衢路。
>
> ——吴奎《包公墓志铭》

宋仁宗吊唁之后,各界"吊唁"交至。灵堂置御寺,即相国寺西侧,包公府第门前,大约在今天的总工会大院一带。吊唁者,不仅有公卿士大夫,文武百官,而且有各界父老乡亲,平民百姓,成千上万,络绎不绝,轮番祭奠,士民同悲,哭声遍地,整座京师开封城沉浸在一片哀痛之中,一时,大街小巷,万民哭喊"包青天",包公永远活在人民群众的心中。

二、包公与包公文化的深远影响

在我国几千年的历史长河中,有许多显赫一时的人物,死后却逐渐被人们遗忘,以至湮没无闻。相反,包公生前就名动京师,爆响全国,人人敬称包公,而历经数代近千年,直到今天,包公依然是人们心中的"包青天",家喻户晓,人人皆知,真是古今奇观,这种现象本身就值得人们深思,再深思。现代著名诗人臧克家有两句诗:"有的人活着,他已经死了;有的人死了,他还活着"。包公就是死了近千年而依然活在人民心中的伟大历史人物。

尽管包公在戏剧和评书中,掺杂了许多演义成分,甚至有所神化,成为神秘的传奇人物。但是包公在历史上的丰功伟绩和高风亮节,始终没有走样。诸如,忠孝双全,爱国爱民,反贪倡廉,刚正不阿,公平正义,铁面无私,执法如山,以民为本,宽民利国,除暴安良,惩恶扬善等等。这些脍炙人口的高尚美德,都是包公本身实际具有的优良品质,完全符合历史真实,包公这些清节美行,逐渐形成一套完整的传统文化体系。对此,有人称为忠孝文化,有人称为清官文化,有人称为廉政文化,我认为都不够全面,应当称为包公文化,因为包公文化更为丰富多彩,更具有独特性,也更容易为人民群众所接受。包公文化是我国优秀传统文化中的宝贵财富,至今仍有传承和积极的借鉴意义。

第十三章　包公与包公文化的深远影响 | 187

1992年，省、市领导在开封纪念包公逝世930周年暨全国首届包公学术研讨会上。左二为时任河南省副省长赵正夫、左三为时任开封市长孙光华、左一为时任合肥市长钟咏三

作者（左一）在合肥·全国第二届包公学术研讨会上演讲

1. 包公文化发展的历史见证

包公文化的形成和发展有一个过程，其基础仍然是他本身具有的凛然正气和优良品德，正因为历史上的包公是包公文化的创造者和实践者，后人才据此而发扬光大。否则的话，世上不会凭空创造出一个"包青天"。

北宋开封府流传下来一件珍贵文物，就是《开封府题名记碑》，现存开封市博物馆。碑上刻着一百八十三任开封府尹的题名，唯独没有

北宋开封府题名记碑

包公的姓名，岂不是天大的怪事。原来，从北宋时起，人们在观赏开封府题名记碑时，因为敬仰和崇拜包公，总是在他的名字上指指点点，称颂一番，天长日久，竟然将"包拯"二字磨去了，只留下一处起明发亮的凹坑，成为此碑画龙点睛之美。"包公名不在碑而有口皆碑"的美谈，从此传扬开来。

据南宋人周密在《癸辛杂识》中记载：

> 开封府尹题名起于建隆元年（宋太祖年号）居润，继而晋王、荆王而下皆在焉，独包孝肃公姓名常为人所指，指痕甚深。
>
> ——宋·周密《癸辛杂识》

由此可见，这个画龙点睛的奇迹早在南宋时就已经形成了，包公多么受广大人民群众的尊敬，可想而知。这是包公在他本朝即宋代就大名鼎鼎而备受敬仰的实物见证，"包青天"的美名绝非后代虚传，的的确确是历史真实。

元代著名文学家王恽到开封，亲自瞻仰了《开封府题名记碑》。他看到"包公名不在碑而有口皆碑"的奇迹，感慨良深，撰写了一首《宿开封后署》诗：

> 拂拭残碑览德辉，千年包范见留题。
> 惊乌绕匝中庭柏，犹畏霜威不敢栖。
>
> ——明·李濂《汴京遗迹志》卷二十四

诗中说的包范，就是指包公和范仲淹。王恽采用拟人的手法，将包公和范仲淹的名字喻为"霜威"，而将贪官污吏比作"乌鸦"，虽然时间过去了几百年（诗中千年是夸张语），而贪官污吏还见碑如见包、范二公其人，惶恐畏惧，绕树而飞不敢靠近在碑前的柏树上栖息呢。它说明到了元代，贪官污吏还对包公闻名丧胆，足见包公影响之巨大、深远。

2011年,作者在开封市法学会清明节拜祭先贤包公仪式上演讲

2012年,开封府纪念包公逝世950周年拜祭仪式

2. 包公祠、庙遍布各地

名人祠堂，除了其家庙以外，大都是社会公众人物或团体为了感恩戴德而建立的。开封、合肥以及全国许多地方都有包公祠或包公庙，充分说明包公和包公文化影响巨大、广泛而深远。

先说开封，包公在开封居官长达十五年，最后逝世于开封。开封是他的第二故乡，他为开封人民做了许多有益的好事，所以宋代末年，开封、合肥、肇庆（古端州）等地，首先建立了包公祠。开封包公祠就建在开封府衙内东南隅。开封府题名记碑就一直立在祠堂内，供人观赏，又因为包公权知开封府名扬天下，人们就不约而同地将开封府俗称为包公府，开封府简直成了包公的专利，这又是天下绝无仅有的奇观。

随着时间的推移，包公和包公文化影响越来越大，包公祠或包公庙一直发展到全国和海内外。据不完全统计，历代建有包公祠的地区有：开封、合肥、肇庆、濮阳、天长、扬州、河间以及河南、山东、陕西、湖南、湖北、安徽、江苏、浙江、福建、澳门、香港、台湾等许多地方。海外如新加坡、马来西亚、泰国、越南等地也有包公庙。包公早已成为世界文化名人，极受尊敬，敬若神明。

一九二七年破除迷信时，许多神像、庙宇都被拆毁了，包括包公祠或包公庙。然而，也有少数包公祠、庙及包公像保留了下来。毛泽东在一九二七年写的《湖南农民运动考察报告》中说：

> 南区东富寺三十几个菩萨（指神像）都给学生和农民共同烧掉

了，只有两个小菩萨名为"包公老爷"者，被一个老年农民抢去了，他（指老农民）说："莫造孽！"

——毛泽东《湖南农民运动考察报告》

包公被人们敬若神明，影响之大，可想而知。

3. 包公在海外的影响

九十年代，台湾制作的电视剧《包青天》上演，在海内外影响非常之大。据报道，此电视剧在香港创下收视率之最。《人民日报》海外版还登了一篇文章《日本有个包公迷》，因为他在工厂、农村天天讲包公故事，特别受欢迎，竟被某高等院校评聘为"讲师"专为学生讲包公和包公文化，一时传为佳话。

开封市法学会会长黄道功先生在包公祠拜祭先贤包公仪式上讲话

第十三章 包公与包公文化的深远影响 193

2012年,作者在海峡两岸(开封)包公文化论坛上演讲

电视剧《包青天》在越南上演时,当时越南总理武文杰讲到制裁官员腐败时说:"越南需要很多像中国包公那样秉公执法的官员。"韩国有一位议员参加竞选也打起了包公牌,说自己的祖籍是中国宋代开封府,深感自豪,结果赢得了许多选票。泰国有个小化工企业,将生产的洗衣粉注册为"包公牌",并且标出两行醒目的广告词是:"污泥浊水,一洗便清"。包公牌洗衣粉,推向市场后,立即畅销泰国及东南亚,上述事实说明,包公与包公文化在海外影响巨大。

三、海内外纪念包公千年诞辰盛况

1999年是包公诞辰一千周年,开封、合肥、肇庆、澳门、台湾、新加坡等海内外许多地方都先后举行了隆重的庆典活动,掀起了一股包公热,通过媒体报道,在国内外产生了巨大反响。

1999年4月6日,开封包公研究会隆重举行了纪念包公千年诞辰庆典活动和包公学术文化研讨会。新加坡天圣坛和澳门包公庙分别率代表团参加了本次庆典,并在包公祠朝圣祭拜包公。当时开封包公祠上演包公戏十天,气氛非常热烈,开封这次包公千年诞辰庆典活动,通过媒体报道,在国内外产生了很大影响。

作者(左一)在1999年开封纪念包公千年诞辰大会致开幕词

1999年4月10日,合肥市政府及合肥包公研究会举行了声势浩大的纪念包公千年诞辰庆典活动。时任合肥市委副书记兼合肥包公研究会会长李培垣亲自主持大会及包公文化研讨会,大会开幕后警车开道,海内外与会代表及所有参会人员,乘车参加了群众性的合肥包公祠、包公墓园游园活动,盛况空前。

李培垣先生还为大会献上题词《包公颂》:

吟哦不绝意何求，情寄清风碧水幽。

此处真无关节到，人间直到自千秋。

后来，这首诗曾在《人民日报》上公开发表。

当时，由于各地对包公生日的具体时间尚无统一认识，所以只有开封和合肥是在 1999 年 4 月即农历二月举行了包公千年诞辰纪念庆典。海内外其他地方就各行其是了。

如广东炎黄文化研究会早在 1988 年 12 月就在肇庆市（古端州）举行了包公千年诞辰庆典。开封包公研究会和合肥包公研究会都应邀派员出席了大会。与会人员参观了包公亲自开凿的包公井，并浏览了七星岩石室，观看了包公在七星岩的题名石刻：

提点刑狱周湛、同提点刑狱钱聿、知郡事包拯同至。庆历二年三月初九日题。

——肇庆七星岩包公题记

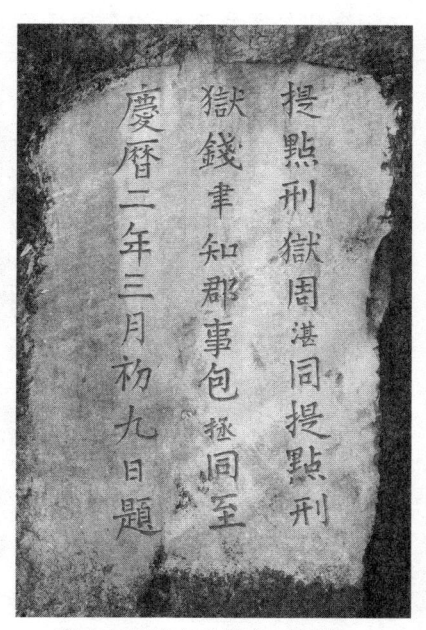

肇庆七星岩包公题名石刻图

这是包公在端州（今肇庆）留下的唯一手迹，弥足珍贵。

1999 年 4 月 1 日，在澳门回归前夕，澳门包公庙联合社会各界在包公庙举行了隆重的纪念包公千年诞辰庆典。当时的澳门立法委副主席、特区行政长官候选人（不久当选澳门特区特首）何厚铧出席大会并做了题为《包公精神与澳门廉政》的演讲，深受欢迎。包公庙内外搞了许多呼唤包青天的文化娱乐活动，轰动整个澳门。

1999年6月，中华炎黄文化研讨会在合肥举办了纪念包公千年诞辰学术研讨会，全国许多宋史和包公专家出席了大会，这是又一次纪念包公千年诞辰的全国性学术文化研讨会，会后还出版了《纪念包拯千年诞辰论文集》。

新加坡天圣坛包公庙纪念包公千年诞辰大会会场

1999年10月，新加坡天圣坛举行了极为隆重的纪念包公千年诞辰庆典活动，特邀福建闽剧演出包公戏等十二天。新加坡国家议员、中国驻新加坡大使馆文化参赞出席了大会，开封包公研究会和合肥包公研究会也应邀派出代表团出席大会并致贺词。开封包公研究会和包公祠赠给庆典大会的匾额是"正义千秋,光照南天"。新加坡这次包公千年诞辰庆典活动在东南亚国家中产生了广泛影响。

海内外不少纪念包公千年诞辰的庆祝活动,大会的隆重,气氛的热烈,非常令人感动。因为笔者是开封的代表,是包龙图打坐在开封府的圣地代表,感到自豪。在纪念包公千年诞辰活动中,笔者也填写了两首小词,后来发表在《开封日报》副刊上。在本书即将完结之际,特将小词献给大家,共同表示对包公的敬意!

忆江南·咏包公湖

一

平湖镜,
上下照长空。
阵阵秋云如骏马,
点点春星似明睛。
皓月又清风。

二

平湖镜,
一鉴是非清。
府尹大堂悬日月,
铜铡霜剑斩奸佞。
千载颂包公。

开封包公湖

附录

包公家世表

祖父母
- 包士通：赠太子少傅。
- 宣氏：追封冯翊郡太夫人。

父母
- 包令仪：字肃之，曾举进士，官虞部员外郎等，赠刑部侍郎、太保。
- 张氏：追封口阳郡太夫人。

包拯：字希仁，举进士，官至枢密副使。生于宋真宗咸平二年，卒于宋仁宗嘉祐七年。享年六十四岁。谥孝肃，赠礼部尚书。

董氏：（鄂州武昌令董浩之女）封永康郡夫人。生于宋真宗咸平四年，卒于宋神宗熙宁元年，享年六十八岁。生包繶。

孙氏（媵）：生卒年不详。生綖（包绶）。

子女

包繶：官太常寺太祝，二十余岁卒。
崔氏：特封永嘉郡君，享年六十二岁。

长女：适硖石县主簿王向。
次女：适国子监丞文效。

包绶：字君航，官至朝奉郎、通判潭州。享年四十八岁。
张氏（张田女）：封南阳县君。早卒。
文氏（文彦博季女）：封蓬莱县君，卒年三十余岁。

包公年谱简编

皇帝年号	公元	年龄	事迹	时事
宋真宗咸平二年	999年	一岁	包拯,字希仁,生于安徽合肥。祖父包士通,祖母宣氏;父亲包令仪,母亲张氏。	八月,真宗在开封东北郊检阅禁军二十万,决心抵抗契丹(辽)的侵略。
咸平四年	1001年	三岁	包拯妻董氏生。董氏系鄂州武昌令董浩之女。	二月,置水利监。诏举贤良方正能直言极谏者。
天禧五年	1021年	二十三岁	是年,拯在合肥某寺院读书,以孝行闻于乡里,知遇刘筠。是年或稍后,拯与姓李的学友拒赴豪民宴。	正月,真宗病。翰林学士刘筠以右谏议大夫、知庐州,识包拯。
宋仁宗天圣四年	1026年	二十八岁	五至八月间,赴京应试。拯与文彦博"方业进士,相友甚厚"。九月,通过发解试,取得礼部试资格。	五月,诏礼部贡举。八月,范仲淹在泰州兴修水利,筑海堰。马亮在庐州任知州。

附　录

皇帝年号	公　元	年　龄	事　迹	时　事
天圣五年	1027年	二十九岁	正月，拯参加礼部试（省试）。 三月初，礼部放榜。拯与吴育、文彦博等四百九十八人被录取，取得殿试资格。 三月二十日，在皇宫崇政殿参加殿试。 三月二十四日，拯中甲科进士。 四月十八日，拯受命为大理评事、知建昌县。 拯因父母年高，请求在合肥附近差遣，旋改授和州监税。 五月，返回合肥，因父母不愿出远门，拯遂弃官侍养，以尽孝心。 拯居家十年，人称其孝。	正月十二日，诏命刘筠权知贡举（省试主考官）。 三月二十日，仁宗驾幸崇政殿亲试进士。 三月二十四日，仁宗在崇政殿唱名放榜，赐进士三百七十七人。 四月十八日，仁宗在崇政殿为新科进士授职。 甲科进士三十名，前五名授将作监丞、通判诸州，以下二十五名授大理评事、知县。
明道元年	1032年	三十四岁	拯母张氏卒，庐墓守丧。父包令仪此前已卒，年月无考。	七月，诏置谏院，为谏院之始。
景祐二年	1035年	三十七岁	拯守丧终，仍家居。	十二月，范仲淹知开封府。
景祐四年	1037年	三十九岁	正月或二月，拯赋诗准备复仕，遂进京听命，	四月，吕夷简、王曾同时罢相，

皇帝年号	公　元	年　龄	事　迹	时　事
			包拯进京住在同里巷。三月，授知天长县，旋赴任。拯在天长县三年。曾断"牛舌案"。	诏命王随、陈尧佐为宰相。
康定元年	1040年	四十二岁	拯迁官大理寺丞、知端州（今广东肇庆市）。	五月，西夏攻陷安远寨，以夏竦经略陕西，韩琦、范仲淹副之。吕夷简复相。
庆历二年	1042年	四十四岁	拯在端州任上，三月九日，与广南东路提点刑狱周湛、同提点刑狱钱聿共游高要县石室，并在石室东壁题名。拯居官清正廉明。端州产名砚，"贡砚"只征原额，不准额外加码。任期届满，"不持一砚归"。	三月，王安石进士及第。五月，诏建大名府为北京。九月，宋与契丹达成协议，在《澶渊之盟》的基础上，宋向契丹每年增纳银、绢各十万，并改"赠"字为"纳"。
庆历三年	1043年	四十五岁	拯入京任殿中丞。十一月九日，经王拱辰推荐，任监察御史里行。未几，正式任命为监察御史。京城"上清宫"失火被焚。十二月，拯	三月，吕夷简罢相。诏欧阳修、王素、余靖、蔡襄为谏官。八月，范仲淹升任参知政事。

皇帝年号	公　元	年　龄	事　　迹	时　事
			上疏《请不修上清宫》。主张注重人事，反对劳民伤财。	九月，范仲淹提出十项改革建议，"庆历新政"开始推行。
庆历四年	1044年	四十六岁	夏收前，拯上《请免陈州添折见钱》奏章，反对京西路转运司以"折变"诛剥陈州百姓。 八月，拯上疏《请重断张可久》，要求朝廷从重处治其贩私盐罪。 九月前后，因八月知益州蒋堂举石待举不当，坐罪较轻，而上疏《请重坐举边吏者》。 十月，宋与西夏议和。宋每年赠西夏绢十三万匹、银五万两、茶二万斤，各节日另加赏赐银、绢、茶计五万五千。拯上疏反对。	六月。范仲淹出为陕西、河东宣抚使。八月，富弼出为河北宣抚使。"庆历新政"失败。九月，吕夷简卒。晏殊罢相，杜衍入相。是年，欧阳修撰《朋党论》，为新政官员辩解。
庆历五年	1045年	四十七岁	拯仍任监察御史。 三月，上疏《请依旧考试奏荫子弟》。 八月三日，拯受命与集贤校理张郯、何中立考	正月，范仲淹、富弼、杜衍皆罢。贾昌朝为宰相兼枢密使。 三月，陈执中

皇帝年号	公　元	年　龄	事　迹	时　事
			开封府举人。十一日，受命为贺契丹正旦使。	为宰相兼枢密使。
庆历六年	1046年	四十八岁	正月，拯完成出使契丹任务而归。在契丹及路上曾与契丹馆伴副使辩论"雄州开便门事"。返京后，上《奏使契丹辩雄州便门事状》。 春夏之间，撰有弹王逵三个奏章（《包拯集》中的一、二、四章）。 六月，拯迁官户部判官。 七月，出为京东路转运使，赐五品服	五月，欧阳修在滁州任上，自号醉翁，撰写《醉翁亭记》。
庆历七年	1047年	四十九岁	拯在京东路转运使任上，曾巡察登州、莱州，访姜鲁等十八户冶铁户。曾多次奏免京东路吏民欠负钱粮二万贯石。未果。 四月，拯升任工部员外郎、直集贤院、陕西转运使。拯赴任未改章服，行至华阴县，仁宗	三月，贾昌朝罢相，以夏竦为枢密使，文彦博为参知政事。十一月，贝州王则起义，建国号"安阳"。

皇帝年号	公 元	年 龄	事　迹	时　事
			遣使追赐三品服。有《领陕西漕日上殿》奏疏。	
庆历八年	1048年	五十岁	五月二日，拯改任河北转运使，未及上任，六月二十二日召拯为户部副使。拯上《请权罢陕西州军科率》等奏疏。	正月，文彦博镇压了王则起义，因此入相。
皇祐元年	1049年	五十一岁	二月，仁宗开天章阁询问群臣御边之策。拯上《天章阁对策》，其论甚美。 三月，命拯赴河北提举措置粮草。 四月，拯受命与河北四路安抚使、转运使计议省减冗官及淘汰老弱军兵事。 六月，迁移冀、深、博三州兵马就粮。 八月，恩准包拯所请，授刘筠族子刘景纯为将作监主簿。 十月，赴陕西相度盐法，支持范祥解盐通商法。	正月，以缗钱二十万市谷种，分赐河北灾民。七月，陈执中罢相，宋庠为宰相。

皇帝年号	公 元	年 龄	事 迹	时 事
			十二月，奉命在陕西裁减老弱军兵三万五千人。	
皇祐二年	1050年	五十二岁	年初，拯任天章阁待制、知谏院，与赵槩勘断冷清案。 四月，冷清伏诛。六月至八月，弹劾郭承祐，并与吴奎、陈旭弹劾张尧佐不宜任三司使。 十一月，王逵任淮南转运使，拯四次上章弹劾（即《包拯集》中的二、五、六、七）。 闰十一月，授张尧佐宣徽、节度、景灵宫、群牧四使，拯与台谏官上殿激烈论争，夺张尧佐宣徽、景灵宫二使。	四月，权知开封府钱明逸因断冷清案无能，以"尹京师无威望"贬知蔡州。 七月，欧阳修知应天府兼南京留守。
皇祐三年	1051年	五十三岁	拯仍任谏官。 二月二十二日，拯弹劾宰相宋庠"窃位素餐"，"在政府无所建明"，要求罢免。 三月，拯又与吴奎、陈	三月，文彦博罢相，庞籍为宰相。

皇帝年号	公　元	年　龄	事　迹	时　事
			旭对宋庠继续弹劾。宋庠罢相。年初，拯与吴奎曾上书要求执行官吏七十致仕的制度。拯有《论百官致仕》疏。 六月，拯上疏《请录用杨纮》等，为庆历新政官员辩诬。 八月，仁宗又命张尧佐为宣徽使、知河阳。拯上《弹张尧佐》两章。 十月，拯上章《请留吴奎依旧供职》，仁宗见疑。遂上书求外任。 本年，拯为长子包繶成亲，娶淮阳女崔氏。	
皇祐四年	1052年	五十四岁	年初，拯连上六章《求外任》。 拯任谏官止于三月，共二年，数次论斥权幸大臣，有《七事》、《进魏郑公三疏札子》、《乞不用赃吏》等奏疏。约在此间立《家训》一则。 三月，拯为龙图阁直学	五月，侬智高叛兵攻陷邕州，建大南国，僭号"仁惠皇帝"。本月，范仲淹卒。 九月，命狄青为荆湖南北路安抚使、提举广南东、西路，进击侬智高。

皇帝年号	公元	年龄	事迹	时事
			士、河北都转运使。七月，拯改官高阳关路安抚使、知瀛州。有《论瀛州公用》、《进张田边说状》等奏议。	
皇祐五年	1053年	五十五岁	拯在高阳关路安抚使、知瀛州任上。是年，拯长子包繶病死。拯以丧子，乞便郡，徙知扬州，旋改知庐州。	正月，狄青在邕州击败侬智高。五月，命狄青为枢密使。闰七月，庞籍罢相，以陈执中、梁适为相。
至和元年	1054年	五十六岁	拯在庐州任上。有从舅犯法，拯依法鞭打一顿，严加处置，亲旧从此皆不敢妄为。	正月，京师大疫。
至和二年	1055年	五十七岁	十二月一日，拯因在陕西时荐举卢士安不当，降官，贬知池州。	六月，陈执中罢相，文彦博、富弼为宰相。
嘉祐元年（九月改元）	1056年	五十八岁	拯在池州任上，严而不刻，省费利民。拯曾向仁宗进奉石菖蒲一银盒。七月二十二日，拯与吴几复、王绰同游齐山寄	五月，京师蔡河暴涨，大雨一月不止。大水淹城。欧阳修荐举包拯、王安石、张环和吕公著四人

皇帝年号	公 元	年 龄	事 迹	时 事
			隐岩,并题名刻石留念。 八月,拯复官刑部郎中、知江宁府。 十二月,拯擢任为右司郎中、权知开封府。	均可大用。赞包拯"清节美行,著自贫贱"。 八月,殿中侍御史里行吴中复、宰相文彦博保奏包拯复官。
嘉祐二年	1057年	五十九岁	拯权知开封府,改革诉讼制度,民心大悦。 六月,蔡河(惠民河)涨水。拯命拆除中官势族跨河修建的水榭、花园,疏通惠民河。	正月,欧阳修权知贡举。三月,苏轼、苏辙和曾巩皆进士及第。是月,狄青卒。
嘉祐三年	1058年	六十岁	拯权知开封府,"威名震动都下","贵戚宦官为之敛手,闻者皆惮之,童稚妇女亦知其名"。京师谚语云:"关节不到,有阎罗包老",远近称之。 六月十一日,拯迁官右谏议大夫、权御史中丞兼理检使。 本月,拯面谏仁宗早立太子。	六月,文彦博罢相,出知河南府,以韩琦为宰相。 本月,欧阳修继包拯后,接任权知开封府。 闰十二月,京师大雪,民冻馁而死者甚众。

皇帝年号	公　元	年　龄	事　迹	时　事
			七月，拯以御史中丞兼领京畿转运使、提点刑狱、考课院。拯与三司使张方平请仁宗复命范祥制置解盐事。 本年，包绶生。	
嘉祐四年	1059年	六十一岁	三月，拯弹劾三司使张方平"身举大计，乘势贱买所监临富民邸舍，无廉耻，不可处大位"，罢之。仁宗命宋祁任三司使，拯又弹劾其"在蜀燕饮过度"，旋罢之。仁宗遂命拯为枢密直学士、权三司使。拯居家避嫌，久之乃出。	正月，欧阳修奏请罢上元张灯，从之。三月，欧阳修撰《论包拯除三司使上书》，论其有"蹊田夺牛"之嫌。力主其避嫌，改他职。十月，欧阳修在京城南郊宅邸写《秋声赋》，天下诵之。
嘉祐五年	1060年	六十二岁	四月，拯在权三司使任上，奉命与右谏议大夫吕居简、户部副使吴中复等，负责"详定均税"。十一月，根据包拯奏请，仁宗录范祥孙范景为郊社斋郎。	五月，京师民疫。诏三司置宽恤民力司。十一月，欧阳修为枢密副使。

皇帝年号	公　元	年　龄	事　　迹	时　事
			拯在三司，曾改"科率"为"和市"，受人称道。上有《请罢天下科率》和《请免江淮两浙折变四章》等奏疏。	
嘉祐六年	1061年	六十三岁	四月八日，拯为给事中、三司使，去掉了"权"字。四月二十七日，拯升任枢密副使。拯妻董氏封为永康郡夫人。	三月，宰相富弼以母丧去位。八月，欧阳修为参知政事。闰八月，韩琦、曾公亮为宰相。
嘉祐七年	1062年	六十四岁	拯在枢密副使任上。五月，拯在枢密院视事，突然得疾，二十五日卒于开封邸舍。仁宗亲至其家吊唁，停视朝一日。"京师吏民，莫不感伤，叹息之声，闻于衢路"。拯谥号孝肃，赠礼部尚书。拯曾临时陪葬巩县宋陵一年零两个月，至次年八月四日，迁葬于合肥公城乡公城里（今合肥市肥东县包公镇包村）。	五月，仁宗曾遣使赐药，为包拯治病。拯卒后，仁宗录拯次子包绶（五岁）为太常寺太祝。包拯灵柩临时陪葬巩县宋陵，至次年八月，擢拯婿文效为保信军节度推官，护拯灵柩归合肥安葬。

后　　记

　　我主要从事宋史、北宋东京与文博研究，后来包公文化成为主攻方向，一发而不可收，如今已三十多年。那么，为什么对包公如此情有独钟呢？主要是包公的人格魅力征服了我。具体起因有二：一是对戏曲舞台上那个为国除奸、为民除害的黑脸大清官—包公，向来比较崇拜；二是开封博物馆收藏一通北宋《开封府题名记碑》（国家一级文物），引起了我对包公的极大兴趣。该碑上刻有北宋时期183任开封府尹的姓名和上任年月，唯独没有"打坐在开封府"的包龙图的尊姓大名，岂非咄咄怪事？后经查询，南宋人周密撰写的《癸辛杂识》一书中有记载。因为人民群众非常敬仰和爱戴包公，凡是到开封府观赏此碑的人，总是在其名字上指指点点，赞不绝口，天长日久，竟将其"包拯"二字磨去了，只留下一个指头般大小起明发亮的凹坑，造就了碑上的画龙点睛之美。这个奇迹在南宋时期已经形成，可见百姓对包公是何等崇敬了。它是包公"名不在碑"而"有口皆碑"的历史实物见证，弥足珍贵。

　　"百姓谁不爱好官？"包公是个奇人，更是个杰人、贤人，是老百姓心目中永恒的"包青天"。像包公这样一位家喻户晓、妇孺皆知、被传颂了一千年的好官，不是历史学者应该着力研究的对象吗？然而，近千年以来，直到上世纪八十年代之前，包公依然停留在舞台上的戏曲演唱和老百姓的口头传说，而史学界的专家学者们却很少有人研究，连一本像样的包公历史传记都没有，更不用说有份量的大部头研究著作了。令人大惑不解。笔者是研究宋史与北宋东京的学者，何必怨天尤人？传承包公文化、弘扬包公精神，为国家反腐倡廉提供有益的借鉴，为中华民族的复兴贡献力量，不也是自己义不容辞的责任吗？于是，从1981年开始，我在博物馆除了撰写《宋代历史陈列大纲》和主编《开封文博》杂志外，下功夫研究起包公来，先后在海内外报刊发表论文十余篇。当时，开封正在重建包公祠、合肥在发掘包公墓之后也在筹建包公墓园，报刊上议论包公的文章也多了起来。我认为，包公权知开封府威震四海，名扬天下，而研究包公，开封也应该一马当先，充任开路先锋。事不宜迟，我与河南大学教授周宝珠先生、李春祥先生、市旅游局长王继萍先生、市社科联主席段学仁先生、市文联美协主席徐玉庆先生等学界同仁，遂于1987年共同发起成立了全国第一个包公研究会。不久，合肥也成立了包公研究会。广东肇庆、河南巩义、嵖岈山等各地十余座包公祠、包公庙相继恢复和重建，包公文化的发展方兴未艾。

  开封包公研究会不能孤军奋战，为了联络全国的专家学者，共同组成一支包学大军，更好地发扬光大包公文化，经市政府批准，于1992年11月发起并成功地在开封召开了全国首届包公学术研讨会。全国各省、市四十余位包学专家应邀出席大会，收到论著三十余篇（部）。时任河南省副省长赵正夫、省旅游局长蔡流海、开封市长孙光华、合肥市长钟咏三等领导出席会议，并分别作了热情洋溢地呼唤包青天的讲话。省、市领导的支持和鼓励，大大地激发了与会专家学者研究包公、弘扬包公精神的热情和积极性，纷纷要求以开封为中心成立中国包公研究会。此次大会经过媒体宣传报道，在海内外产生了广泛的社会影响。此后，包公文化的发展迅速升温，至 1999 年包公千年诞辰达到了高潮。开封、合肥、肇庆、澳门、新加坡等地先后举行了热烈隆重的纪念包公诞辰 1000 周年庆典大会。同时，台湾电视连续剧《包青天》恰在这个时期上演。其主题歌《开封有个包青天》唱响了中国、唱响了东南亚，街谈巷议，到处颂扬包青天，出现了一股"包公热"。在此期间，海内外包公文化活动众多，学术交流十分频繁，笔者相当紧张、忙碌，但收获颇多，硕果累累，尤其看到包公研究促进了开封文化旅游的繁荣发展，颇有几分成就感，甚是欣慰。

  1999 年包公千年诞辰庆典过后，包公文化稍微平静了几年。这时我已退休，但对包公文化的研究从未间断。近年来，包公研究风生水起，相当活跃，而且出现了新动向。即从以往的基础性全面研究、资料挖掘、思想探索而转向了以包公"至忠至孝、廉洁自律、以民为本、执法公正"等为主的重点研究。以史为鉴，与当前的反腐倡廉、依法治国以及司法公平正义联系得更加密切。从 2011 年以来，在河南省高级人民法院院长张立勇先生的倡导下，在开封市委、市政府的大力支持下，开封多次召开包公司法文化研讨会、包公廉政文化座谈会，举办了海峡两岸（开封）包公法治文化论坛，目前正在筹建包公司法文化博物馆等。包公精神进一步发扬光大，为民造福。在诸多包公文化活动中，笔者或演讲，或著文，或接受媒体采访等，依然奔忙不息，发挥余热，成为包学界退而不休的"老兵"，人送绰号"李包公"。

  然而，真要将自己研究包公多年的学术成果整理出版，也并非易事，毕竟年龄不饶人。但是，我有个好女儿李莉。她不但喜欢包公文化，而且精通电脑，成为我的得力助手。她将书稿整理、资料查询和文字校勘等任务都承担了起来，完成得很好，大大减轻了我的压力。当然，该书有幸得以顺利出版，主要还是南开大学出版社孙克强社长的支持和倡导，以及编辑李力夫等同志的大力帮助。在此，我一并向他们深表谢忱！

最后，在本书即将问世之际，谨向所有关心和帮助过我的朋友们表示敬意和衷心的感谢！

李良学

2014年3月20日于开封东明书屋

南开大学出版社网址：http://www.nkup.com.cn

投稿电话及邮箱： 022-23504636　　QQ：1760493289
　　　　　　　　　　　　　　　　QQ：2046170045(对外合作)
邮购部：　　　　022-23507092
发行部：　　　　022-23508339　　Fax：022-23508542

南开教育云：http://www.nkcloud.org

App：南开书店 app

　　南开教育云由南开大学出版社、国家数字出版基地、天津市多媒体教育技术研究会共同开发，主要包括数字出版、数字书店、数字图书馆、数字课堂及数字虚拟校园等内容平台。数字书店提供图书、电子音像产品的在线销售；虚拟校园提供 360 校园实景；数字课堂提供网络多媒体课程及课件、远程双向互动教室和网络会议系统。在线购书可免费使用学习平台，视频教室等扩展功能。